知的障害教育ならではの

主体的・対話的で深い学び
ができる本

PDCAチェックシートで授業改善！

神山 努 編・著

はじめに

　知的障害教育に携わる特別支援学校の先生や学校が目指している教育と実際の授業の架け橋となるような、現場の先生方の授業づくりに役立つものを提供したいという願いから、本書を企画しました。国立特別支援教育総合研究所における研究活動や、特別支援教育専門研修知的障害教育コースに参加された先生方とのディスカッションの中で、皆様が提供してくださった貴重な知見を学校現場の先生方に還元したいと思っています。

　本書では、現場の先生方に必要となる学習指導要領の考え方を、「主体的・対話的で深い学び」を中心になるべくやさしく解説し、それが具体的にどういったものなのかがわかるような事例を紹介しています。児童生徒の主体的・対話的で深い学びを実現させるために、実践者がどのように考え、どのような授業の工夫を生み出したのかがわかるよう構成しました。

　個々の児童生徒の実態が特に多様な知的障害のある児童生徒の教育では、他校の授業実践を目の前の児童生徒にそのまま適用することが難しいという声をよく耳にします。しかし、いろいろな学校の実践を合わせて知り、比較してみることで、共通するノウハウや考え方のコツなどをつかむことができるのではないでしょうか。各事例の背景にある、実践者が児童生徒の学びの姿に基づいて、どのように授業を考えていったのかを読み取っていただくと、「主体的・対話的で深い学びの実現に向けた授業改善」の参考になるかと思います。

　ただ、授業改善の工夫などを自校に置き換えて練り直すにはひと手間かかるのも事実ですし、もととなる考え方がないとどうやって具現化していけばよいか迷ってしまうこともあると思われます。そのため、選りすぐりの事例の中から抽出されたノウハウやコツなどを、「PDCAチェックポイント一覧表」として示しました。それぞれはすでに学校で取り組んでいることだったり、ご存知の内容だったりするかもしれませんが、網羅的に改善策をチェックすることで、なんらかの気づきが生まれることを期待しています。

また、学習指導要領で重視されている「主体的・対話的で深い学びの実現に向けた授業改善」は、これをすればよいという唯一の方法（How to）ではなく、児童生徒の実態把握や授業や単元における目標設定とその学習評価に基づき、PDCAサイクルで考えることを繰り返していくなかで実現するものです。日々成長する児童生徒と向き合う先生方が、まずはすぐに取りかかれることを重視し、「PDCAチェックシート」に記入して授業を無理なく見直せるようにしています。
　とはいっても、どう書いたらよいかわからず、本書がかえって実践のハードルを上げることになってしまっては本末転倒です。記入イメージをもっていただけるように、各事例の最後にシートの記入例も掲載しました。

　各事例の中にも、授業づくりや授業改善に関するツールや手立てが多数盛り込まれていることが、本書の最大の魅力です。ご自身の授業に取り入れることができそうなものがあれば、ぜひ実践してみてください。そして、児童生徒の学びを具体的に評価し、その結果に基づき再検討するのを繰り返すことにより、改善策の立て方や大切にしたい考え方が自分のものになっていくでしょう。教師の専門性も、PDCAサイクルで深めていただけたらと思います。
　さらに、学習指導要領において、育成を目指す資質・能力を育むために、主体的・対話的で深い学びの実現に向けた授業改善のほか、教科等横断的な学習の充実やそのためのカリキュラム・マネジメントが求められるとされています。授業研究の具体的な方法、校内の授業改善を進めるための校内体制、授業検討が年間指導計画や教育課程の改善につながった例など、特定の単元内にとどまらず、組織的に授業改善を進めた事例もありますので、ぜひ参考にしてみてください。

　本書が、主体的・対話的で深い学びの実現に向けた授業改善と、それを支える組織的取り組みを考えるための材料となることを願っております。

2019年8月　神山 努

もくじ

はじめに..2

第1章 理論編
主・対・深 のきほんを理解する！..7

今、学校に求められているのは、主・対・深 の視点による授業改善............................8

主・対・深 に向かう子どもの姿を柔軟に正確に捉える**専門性を鍛えるべし**............................8

知的障害教育における 主・対・深 とは、これまでの**教育を深化**させること............................9

主・対・深 の視点で授業を確実に改善するためのキーワードはPDCAサイクル............................9

知的障害のある子どもたちの 主・対・深 を実現させる
授業改善のためのPDCAサイクル

　　P・D 計画・実施に関して..10
　　C・A 評価・再検討に関して..12

やってみて、振り返って考えよう！主・対・深 に向けた授業チェックと
具体的に進められる必勝パターン..14

PDCA チェックシート..15

あるある質問 目標がいっぱい… どう折り合いをつけたらいいの？............................16

第2章 実践編

主・対・深 の授業改善はこうやって実現する！ ……… 17

PDCA チェックポイント一覧表

P・D 計画・実施に関して ……………………………… 18
C・A 評価・再検討に関して ……………………………… 20

授業改善のコツ⑲ ……………………………… 22

① **授業の学びを生活に結びつける**
授業終了後も学んだことが生きるように、生活の中でも学習を深めよう！ ……… **23**

② **チェックリストで授業を見直す**
授業チェックリストをもとに話し合い、指導内容を再設定しよう！ ……… **31**

③ **学びの積み重ねを形として残す**
子どもが学んだことを自ら記録し、積み重ねられるようにしよう！ ……… **39**

④ **子どもの題材への着眼点をしぼる**
「気づき」を促し、友だちの「気づき」にも意識を向けさせよう！ ……… **47**

⑤ **自己評価と相互評価の場面を設定する**
お互いを評価し、認め合いながら、活動への自信を育もう！ ……… **55**

⑥ **明確な目標を共有する**
多角的で明確な目標・評価を設定し、技術獲得にとどまらない学びを促そう！ ……… **63**

⑦ **理想の将来像から目標を設定する**
身につけたい力を整理し、必要な支援・指導を明確にしよう！ ……… **69**

⑧ **子どもが選択する機会を増やす**
活動の流れが身につくまで繰り返し、自信をもって取り組めるようにしよう！ ……… **77**

⑨ **子どもの興味・関心から活動を考える**
「自分たち」が活動の中心であることを意識して取り組めるようにしよう！ ……… **83**

⑩ **教師の介入は必要最低限にする**
教師は見守りに徹し、子ども同士の話し合いを活性化させよう！ ……… **91**

あるある質問 目指す授業に近づいているのか、正直わかりません… ……… **98**

⑪ **授業改善の方向性を定期的に見直す**
「振り返りシート」を活用して授業改善の方向性を探ろう！ ……………………… 99

⑫ **子どもの様子から内面を推察する**
教師を主語として記録をとり、事後研究会を定期的に行おう！ ……………… 107

⑬ **体系的な研究協議を行う**
子どもの実態と教師の関わりを整理・分析し、指導改善につなげよう！ ……… 115

⑭ **自らの授業を客観的に振り返る**
授業動画や他教師の視点から授業を見つめ直そう！ ……………………… 123

⑮ **行動分析の視点を取り入れる**
子どもの気になる行動を分析・共有し、指導の工夫を考えよう！ ………… 131

⑯ **単元間で学びの意欲を結びつける**
今の子どもの実態から、必要な活動を考えよう！ ……………………… 141

⑰ **教科間の学びに連続性をつくる**
組織的にPDCAを繰り返し、学校全体で学びを見直し続けよう！ ………… 151

あるある質問「育成を目指す資質・能力」とは？ ……………………………… 157

あるある質問 忙しすぎるので…効率よく、効果的に授業改善を進めたい！ …………… 159

⑱ **学校全体で教育課程を改善する**
教育課程や個別の指導計画を、学習指導要領と学校教育目標に関連させよう！ …… 160

⑲ **日常的に授業研究を繰り返す**
個人でも集団でも授業研究を重ねて、「改善」を日常的に行おう！ ………… 166

参考文献 ……………………………………………………………………… 174
実践執筆者／編集・執筆者プロフィール ………………………………………… 175

第1章 理論編

主・対・深 のきほんを理解する！

「主体的・対話的で深い学び」とは、これからの時代に必要となる資質・能力を育成するために欠かせない、授業改善の視点です。この視点を理解して授業に生かすためのポイントを解説します。

今、学校に求められているのは、主・対・深 の視点による
授業改善

「主体的・対話的で深い学び」は、平成29年に告示された学習指導要領のキーワードの１つです。学校教育で「育成を目指す資質・能力」を育むために、単元や題材など内容や時間のまとまりの中で、児童生徒の「主体的・対話的で深い学び」という視点で授業改善を行うことが学校現場で求められています。

「主体的・対話的で深い学び」は、
・単元や題材ごとに授業を改善するための視点
・これからの時代に必要な幅広い力を育成するために大切

また、育成を目指す資質・能力とは、「知識・技能」「思考力・判断力・表現力等」「学びに向かう力・人間性等」の３つを指し、それらは相互に関連していると考えられています。例えば、「知識・技能」が習得されてから「思考・判断・表現」する際に活用されるといったような一方通行の関係ではなく、「思考・判断・表現」を働かせることをとおして「知識・技能」が生きて働くものとして習得されたり、更新されたりすることもあります。

従って、学習過程に３つの資質・能力につながる要素をスパイラル的に取り入れていく必要があるわけですが、それは、授業の単元や題材を「主体的・対話的で深い学び」の視点で捉え、指導を積み重ねていくことで実現できると考えられています。

主・対・深 に向かう子どもの姿を柔軟に正確に捉える
専門性を鍛えるべし

「主体的・対話的で深い学び」とは、具体的にはどのような内容を指すのでしょうか。小学校学習指導要領解説によると、それぞれ次のようなものとされています。

主体的な学び	「学ぶことに興味や関心を持ち、自己のキャリア形成の方向性と関連付けながら、見通しをもって粘り強く取り組み、自己の学習活動を振り返って次につなげる」
対話的な学び	「子供同士の協同、教職員や地域の人との対話、先哲の考え方を手掛かりに考えること等を通じ、自己の考えを広げ深める」
深い学び	「習得・活用・研究という学びの過程の中で、各教科等の特質に応じた『見方・考え方』を働かせながら、知識を相互に関連付けてより深く理解したり、情報を精査して考えを形成したり、問題を見いだして解決策を考えたり、思いや考えを基に創造したりすることに向かう」

「主体的・対話的で深い学び」は、授業に形式的に対話型の活動を取り入れたり、画一的な子どもの姿を目指したりするものではありません。例えば、「対話的な学び」の視点では、高度な言葉のやりとりなど特定の行動活動に限定せず、本質を踏まえて広く柔軟に捉えるようにします。基礎的・基本的な「知識・技術」の習得を目指す場合も、「主体的な学び」の視点を踏まえて、学びへの興味・関心を促したり、「深い学び」の視点を踏まえて、学ぶ教科の特質を考えた授業を展開したりすることが重要となります。

知的障害教育における 主・対・深 とは、これまでの教育を深化させること

「主体的・対話的で深い学び」は、これまで知的障害教育の現場で大事にされてきたことと非常に親和性が高いと捉えられています。

それは、知的障害のある子どもたちには具体的・実際的な指導内容が効果的であるため、これまでも特別支援学校（知的障害）では、子どもたちが学んだことが生活に応用され、自立と社会参加につながるよう、指導の手立てに限らず、指導の形態、指導内容、指導目標まで幅広く検討されてきたという背景があるからでしょう。

つまり、知的障害教育において、主体的・対話的で深い学びという「知識の詰め込みに限らない幅広い力を育成する」という授業改善の視点は、その教育観をさらに深化させるものといえます。

主・対・深 の視点で授業を確実に改善するためのキーワードは PDCAサイクル

知的障害のある子どもたちへ、これまでの実践を踏まえつつ授業改善を進めるには、「主体的・対話的で深い学び」の実現に向けた取り組みに一貫性をもたせるための枠組みが必要です。その枠組みとして注目されているのが、PDCAサイクルです。

PDCAサイクルとは、P（PLAN：計画）—D（DO：実行）—C（CHECK：評価）—A（ACTION：再検討）を循環的に行っていくことを表しています。

すでに述べたように、授業の単元や題材を「主体的・対話的で深い学び」の視点で考え、授業を積み重ねていくことが大切です。そのため、授業の単元や題材それぞれにおいて、PDCAサイクルの4つのチェックポイントを設け、育成を目指す資質・能力の獲得に向けて、確実に授業改善ができるよう進めていくとよいでしょう。

本書の2章では、紹介している各実践に対して、PDCAサイクルの段階ごとに授業改善のポイントを示しています。ぜひ参考にしてください。

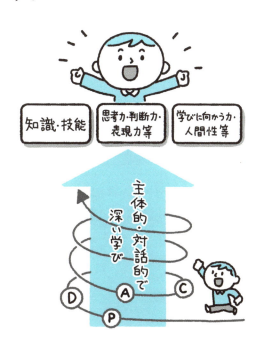

知的障害のある子どもたちの 主・対・深 を実現させる
授業改善のためのPDCAサイクル

　PDCAサイクルを踏まえて、知的障害のある子どもたちへの主体的・対話的で深い学びの検討点を整理してみましょう。ここでは、PとD、CとAをそれぞれまとめて解説します。

P・D 計画・実施に関して

(1) 子どもたちにその単元で何を育てることを目標とするのか具体化する
　主体的・対話的で深い学びの意義は、子どもたちに育成を目指す資質・能力を育むことにあります。まず、育成を目指す資質・能力を踏まえて、子どもたちに「その単元でどのような力を育むことを目指すのか」具体的に考えます。その際は、併せて観点別学習評価、評価規準、評価基準（12ページ参照）についても考えます。

(2) 子どもたちの主体的・対話的で深い学びの姿を具体的にイメージする
① 子どもがある特定の学びの姿を見せる状況の流れに注目する
　下図の左のような状況では、子どもたちがうまく話せるよう、話し合いのルールを視覚的に示したりペアで学習を進めたりするなどの手立てが効果的かもしれません。また、下図の右のように、実際によいマナーを行って確かめる機会があると、よいマナーの意味やメリットを子どもたちが実感できます。
　このように、子どもたちが学びで見せる姿の意味は、状況の流れによって決まっていきます。

② **主体的な学び、対話的な学び、深い学びは、実際には切り離せないことに注意する**
　例えば、子ども同士で自分たちから教科の内容について話し合うのは、主体的であり、対話的であり、深い学びであるといえます。このように、それぞれの観点で子どもの姿や学びを切り分けようとする必要はありません。また1時間の授業で3つ全部を叶えようとしなくても構いません。

学ぶ状況の流れによって、子どもたちの学びは大きく変わる

急に教師が「今日はマナーについて考えます。よいマナーとは何か、みんなで話し合おう」と言っても、子どもたちは戸惑ってしまうかもしれません。

職業体験でお客さんからマナーについてフィードバックを受けて、マナーのよしあしに子どもたちの興味が向いているときにマナーについて話し合うと、よいマナーの意味やメリットを感じられます。

(3) 主体的・対話的で深い学びの実現に向けた、具体的な指導の手立てを計画する

　知的障害のある子どもに効果的な指導内容、指導の形態などの学習設定、直接的な指導の手立てについては、これまでに多くの実践・事例研究が積み重ねられています。具体的にどのような指導内容や手立てが効果的なのかは、子どもや指導目標によって変わってきます。

　そのため近年では、多くの校内研究や大学研究において、子どもの実態や指導目標などを踏まえて、どのように指導の手立てを考えるのかに関する枠組みが示されたシートやチェックリストが開発されています。それらの研究を参考に、指導の手立てを考える際のポイントを以下に示していきます。

① 指導内容

- 子どもたちの興味・関心を踏まえて、どのような指導内容が指導目標として効果的か考えます。
- 子どもたちの意見、考え、選択が反映された指導内容も効果的でしょう。

② 物理的な指導環境の設定

- 授業に参加できるように机の位置を工夫するなどの「物理的な指導環境の設定」は、子どもたちの学びに大きく影響します。

③ 教材

- 言葉に対する注目や理解が困難な子どもの場合、視覚的に学習をサポートする教材の工夫が重要になります。

④ 直接的な関わり

- 言葉への注目や理解が困難な子どもの場合、1〜2語文などなるべく短文で発問する、注意を十分に引いてから発問する、具体的な表現で発問するようにします。
- 言葉の発達状況によっては、発問だけに頼らず、指さしなど身振りで伝える、視覚支援を活用するなども効果的です。
- 子どもたちに考えてもらったり、身につけた力の活用に気づいてほしいときには、すぐに教えたり指示したりせず、少し待って様子を見たり、考えを促すよう間接的に発問することが有効な場合もあります。

⑤ 子どもへのフィードバック

- 子どもが指導目標へと向かう姿を示したら、周囲がほめる・認めるなどして、それを行った達成感が感じられるようにします。
- 目標とすることができなかったとき、問題となる行動をしてしまったときには、周囲がそれを訂正するようにします。
- 子どもが自己評価して自分にフィードバックすることも効果的です。
- 子どもたちが相互評価する活動も、お互いから学ぶことを促せるでしょう。

C・A 評価・再検討に関して

(1) 学習評価を行う

学習評価は、授業改善の中核的要素です。長く相対評価が行われていたこともあり、学習評価は子どものよしあしのラベルづけという印象もあります。しかし、学習評価は子どもの学習状況の把握に限らず、授業改善の大事なツールとなります。

ペーパーテストでは、知的障害のある子どもたちの学習成果を十分に測定できない場合も多いため、授業内の子どもたちの行動から評価するのが基本となります。ここで注意したいのは、子どもたちの行動を評価することは、子どもたちの内面の変化を無視することではないということです。子どもたちの目に見える行動をしっかりと評価したうえで、その背後にある内面の変化を探ります。

(2) 観点別学習評価、評価規準、評価基準

平成31年の「児童生徒の学習評価の在り方について（報告）」において、育成を目指す資質・能力に対応した「評価の観点」として、「知識・技能」「思考・判断・表現」「主体的に学習に取り組む態度」が提案されました。

知的障害のある子どもの場合、子どもの興味・関心やできることを踏まえて子どもの学習を促すこと自体が難しく、いわゆる興味・関心に関する目標に終始してしまうことがあります。しかし、具体的にどのような知識や技能を身につけるのか、それを活用するためにどのような思考力や判断力、表現力を目指すのかを考えなくてはなりません。

評価規準 学習評価の観点の段階では、まだ抽象性が高く評価がしづらいでしょう。そこで大事になるのは、評価の観点において具体的な行動のステップをいくつかに分けること、その中で子どもが最も到達しやすそうなステップを目標に設定することです。これが「評価規準」となります。

例えば、「ひらがなで文が書けるようになる」という知識・技能に関する目標も、ひらがなの単語が書けるようになる、ひらがなの2語文が書けるようになる、ひらがなの短文が書けるようになる、などいくつかのステップが考えられます。このステップの分け方は子どもの発達状況で、もっと細かくする場合もあります。

評価基準 立てた評価規準を子どもが自ら達成できる場合もあれば、教師や同級生からのなんらかの援助でできる場合もあります。それらの段階を「評価基準」と呼びます。

評価規準：ひらがなの単語が書ける

評価基準：自分で書けた／見本を見ながら書けた／教師が手を添えて書けた

(3) 評価から計画を再検討する

① 子どもの様子から授業改善の方向性を知る

単元の中で授業を進めていくと、子どもたちの学びの様子（学習評価）に変化が出てきます。その様子の変化を3つに大別し、授業改善の方向性を確認します。

子どもたちの学びの様子の変化　3パターン

A	授業を重ねることで、子どもが学びの到達に向かう傾向を示している場合	今の指導目標、内容、手立てが子どもに合っていたということでしょう。あせらずに今の指導を続けるとともに、どんな要素が子どもに効果的だったのかを考えます。その効果的だった要素は、次の単元計画に生かせるはずです。
B	授業を重ねても、子どもが学びの到達に向かう傾向を示していない場合	下記②のステップで、授業改善を検討します。あせらず、落ち込まず、子どもの理解を深められる機会と捉え、よりよい授業を目指します。
C	授業によって、子どもが一貫した傾向を示していない場合	毎回とはいえなくても、ある程度のパターンを見つけて対応します。例えば、毎授業ではないけれど、ある活動では子どもたちがうまく学習できることが多いのであれば、その活動には子どもに合ったなんらかの要素があるのかもしれません。そこから子どもの学習傾向を読み取るようにします。

上記Cの補足をすると、「日によって、活動によってできるときもあればできないときもある場合」といえばわかりやすいかもしれません。子どものパターンは、実際には読み取りづらい場合が多いでしょう。この理由の1つは、子どもが日常生活のさまざまな部分からの影響を受けやすいということがあるかもしれません。例えば、休み時間に同級生とトラブルを起こした、登校前に保護者と言い争った、前の夜に寝つけなかったなど、日常の嫌な要素からの影響が授業の学びにも大きく影響してしまうことがあります。

② 授業改善を一貫したルールで進める

子どもの様子を踏まえ、計画の見直しを下記の順番で進めると、「主体的・対話的で深い学び」に向けた授業改善につながるでしょう。

学習評価の振り返りの流れ

Step 1	教師が計画どおりに指導内容や手立てが行えたかを確認する	計画ではできそうに思えた指導の手立てが、実際にはできないことも多くあります。まずは計画した手立てなどができたかどうかを振り返ります。 できていなかった場合、次からは行えるよう教師の意識改革をする、というのはあまり得策ではないかもしれません。なんらかの理由でその手立てが行いにくい学習状況なのかもしれません。その場合、教師がもっとやりやすそうな手立てを考えるようにします。
Step 2	子どもたちに効果的であった指導の要素と、効果的でなかった指導の要素を整理する	子どもたちが適切に学習できていたときとそうでないときを比較しながら、授業の改善方法を検討します。 ここで大事なのは、改善点のみでなく、子どもに効果的であった指導の要素にも着目することです。効果的であった指導の要素に着目し、それを発展させることで、効果的な学習につながります。
Step 3	指導目標を再検討する	計画どおりに手立てが行えていて、指導の要素の改善案が思い浮かばない場合、指導目標が高すぎたのかもしれません。もっとスモールステップな評価規準を検討します。

(4) 単元など指導のまとまりの中で、主体的・対話的で深い学びなどの実現を目指す

毎回の授業に、主体的・対話的で深い学びや育成を目指す資質・能力のすべての要素を指導目標に立てるのは困難でしょう。単元全体をとおして、それらの実現を目指します。学習指導要領においても、単元や題材など内容や時間のまとまりを見通しながら主体的・対話的で深い学びの実現に向けた授業改善を行うことが明記されています。

また、単元当初の目標、内容、評価が子どもに合わなかったという場合もあります。しかし、毎回の授業改善を繰り返して、単元などある程度のまとまりの中でうまくできることを目指しましょう。

(5) 年間をとおして、学校全体で授業改善を繰り返せる体制をつくる

　授業改善は担任が中心に行っていきます。とはいえ、多忙な学校環境の中では、担任1人や1学級の中で授業改善を進めていくと負担が大きくなってしまうかもしれません。また、進めるうちに1人では判断に迷うことや、学年や学部と協力して進めたほうが効率がよいということも出てくるでしょう。

　そのため、教師がチームとなりお互いに支えつつ授業改善が進められるような、年間の計画を立てるとよいでしょう。学校全体の研究テーマとして、「主体的・対話的な深い学び」への授業改善に学校全体で取り組んでいる学校もあります。

　組織的な授業改善の実践については、151ページから173ページの実践例で紹介しています。

やってみて、振り返って考えよう！ 主・対・深 に向けた
授業チェックと具体的に進められる必勝パターン

　すべての教科、単元で体系的に指導目標、内容、評価を組み立てるのは困難に思うかもしれません。しかし、教師の頭の中にこれらの考え方の枠組みができてくると、その負担感は下がると思います。まずは1つの教科、1つの単元から丁寧に考えて取り組み、その枠組み（必勝パターン）を自分の中に構成しましょう。

　具体的に1つの単元を選んで、18ページから21ページの「チェックポイント一覧表」を使って、P・D・C・Aの4つの段階に分けて改善策を考えてみましょう。Pには各事例の計画のポイント、Dには行われた実践のポイント、Cには子どもの学びの評価のポイント、AにはCをもとに工夫された授業要素や再検討の視点が含まれています。ここで紹介するポイント以外にもPDCAサイクルを進めるに当たり重要な視点があるかもしれません。一覧表を活用しつつ、自分なりのポイントも加えてみてください。そして、PDとCAに分けて、10ページから13ページの内容に従って、15ページの「PDCAチェックシート」に指導目標とその評価方法、内容、手立てを整理します。

　23ページから150ページの実践例では、それぞれ最後のページにシートの記入例を掲載しています。記入方法など参考にしてください。

　学期中にあまり時間が取れない場合は、夏休みや冬休みなどの期間を利用して、それまでに行った実践を振り返ってみるとよいでしょう。通常の授業から離れているときには自分の実践を俯瞰して見ることができ、「このタイミングでこうすればよかったんだな」という気づきを得やすいかもしれません。その気づきを新学期に生かしつつ、新たな単元チェックと授業改善を実践します。

　また、機会があるごとに同様のチェックを繰り返すことにより、年間をとおして「主体的・対話的で深い学び」を循環させていくことができるでしょう。

PDCA チェックシート

P ○の☐ ○の☐　**D** ○の☐ ○の☐
　 ○の☐ ○の☐　　 ○の☐ ○の☐

学部：　　　　　　　教科：
単元・題材：

○子どもたちにその単元で何を育てることが目標？（評価できるよう具体的に）

○どのような指導内容？

○主体的・対話的で深い学びの実現を目指して、どんな指導の手立てを使う？

C ○の☐ ○の☐　**A** ○の☐ ○の☐
　 ○の☐ ○の☐　　 ○の☐ ○の☐

○学習評価の結果は？（目標に基づく）

○評価結果から単元後半の授業改善は？

目標がいっぱい…どう折り合いをつけたらいいの？
～「主体的・対話的で深い学び」「教科等の見方・考え方」「学校目標」～

Q 学習指導要領と学校教育目標（・学部目標・学年目標）の関係は？

　学習指導要領などに示されている教育の目標を達成するために、各学校で具体化された教育目標が学校教育目標になります。学校教育目標を踏まえて、各学部、各学年、各教科等の時間で児童生徒に目標とすることがさらに具体化され、系統的な教育が行われることになります。平成29年告示の学習指導要領に照らし合わせ、各学校の目標で育成を目指す資質・能力が検討されることになります。

　育成を目指す資質・能力が児童生徒に育まれるためには、本書で紹介する主体的・対話的で深い学びの実現を目指した授業改善が不可欠となります。

Q 各教科等の「見方・考え方」と「主体的・対話的で深い学び」の関係は？

「見方・考え方」は平成29年告示の学習指導要領において、「主体的・対話的で深い学びの実現を目指して授業改善を進めるに当たり、特に『深い学び』の視点に関して、各教科等の学びの深まりの鍵となる」とされています。特別支援学校学習指導要領解説において、見方・考え方は以下のように記されています。

　各教科等の特質に応じた物事を捉える視点や考え方である「見方・考え方」は、新しい知識及び技能を既にもっている知識及び技能と結び付けながら社会の中で生きて働くものとして習得したり、思考力、判断力、表現力等を豊かなものとしたり、社会や世界にどのように関わるかの視座を形成したりするために重要なものであり、習得・活用・探究という学びの過程の中で働かせることを通じて、より質の高い深い学びにつなげることが重要である。

　見方・考え方について考えると、その教科、単元、授業において児童生徒にどんな資質・能力が身についてほしいのかを追求することになると思います。

Q 「主体的・対話的で深い学び」の実現に向けた授業改善をすると、どんな授業になる？

　学習指導要領では、各学校において指導計画を作成するに当たり、「主体的・対話的で深い学びの実現に向けた授業改善を通して資質・能力を育む効果的な指導を行うことができるように配慮すること」が示されています。つまり、主体的・対話的で深い学びの実現に向けた授業改善を行うことで、育成を目指す資質・能力が実際に育まれる授業になっていきます。

　具体的な実践は、本書の第2章をご参照ください。

第2章 実践編

主・対・深 の授業改善はこうやって実現する！

「主体的・対話的で深い学び」の視点を生かした授業改善ではPDCAサイクルを繰り返す枠組みが大切になります。19のコツとその内容が具体的にわかる事例のツールや手立てを活用しましょう。

PDCA チェックポイント一覧表

P Plan

①	1. 指導内容表を作り、子どもの実態に合わせて学習を設定する 2. 学習が生活に結びつくように単元目標を考える		⑩	1. 子ども同士の相性を考慮してグループ構成する 2. 習得・活用・探求に基づき題材を設定する
②	1. 子どもが生活で示す課題と好きなことから学習を設定する 2. 生活に生きる身近な題材を選ぶ		⑪	1. 授業を構想するシートをもとに、教材や学習環境などを検討する 2. 子どもの興味をもとに題材を選ぶ
③	1. 学部間での各教科の学びの系統性を検討する 2. 子どもの学びの実態を踏まえ、年間指導計画を見直す 3. 題材の目標を3つの柱に基づき設定する		⑫	1. 子どもの学習状況や興味・関心に基づき指導内容を設定する 2. 資質・能力の3つの柱を軸に単元目標を設定する 3. 具体的に活動の流れをイメージしながら単元計画を立てる
④	1. 単元で育てたい資質・能力などを整理しながら計画を立てる		⑬	1. 実態把握に基づき、グループや指導内容を設定する 2. 教師が子どもにつけたい力を系統的に整理して、目標を設定する 3. 授業改善で重視したいポイントを整理する
⑤	1. 子どもの学習状況と興味・関心に基づき題材を設定する			
⑥	1. 成長やスキルアップを目に見える形で示す 2. 今までの学びを生かすことのできる目標を立て、チームで取り組む		⑭	1. 子どもの実態と現代に求められる力の検討から年間指導計画を作成する 2. 学習グループの実態をもとに指導目標・内容を選ぶ 3. 実際の日常場面を想定して、学ぶ必要があるスキルを考える
⑦	1. 前単元で示された子どもの興味・関心を学習に取り入れる 2. 子どもにとって身近な活動を題材にする 3. 3つの柱を軸として単元目標とその評価規準を設定する 4. 3つの柱をもとに単元を計画する		⑮	1. 子どもの気になる行動を客観的に記録して、教師間で共有する 2. 気になる行動の原因と対応方法を記録・検討する 3. 特定の子どもの行動分析結果を学習グループ全体の授業改善に生かす 4. 子どもが主体的に活動できる工夫を取り入れる
⑧	1. 子どもにとって身近なことをテーマとする 2. 個々で目標を具体化する			
⑨	1. 子どもたちが学習活動の要素を自分たちで決められるようにする 2. 子どもにとってなじみのある活動を題材とする 3. 各教科等を合わせた指導で教科それぞれの目標を踏まえる		⑯	1. 子どもの夢と今の状況を把握する 2. これまでの学習で高まった意欲を結びつけて単元を計画する 3. 活動の目的を明確にし、順序立てる

PDCAそれぞれの段階でのポイント一覧です。「PDCAチェックシート」（15ページ）と併せて活用します。該当ページ（23ページ～150ページの 主対深 ①～⑯）を参照してください。

D Do

①	Point3 子どもの興味・関心を高める導入を取り入れる Point4 子どもが学習内容を身近なことに結びつけて理解できるようにする		⑧	Point3 子どもが自分で選んだり、話し合ったりする場面を設定する Point4 ICTを活用する Point5 順番を待つ時間を、活動の見通しや興味をもてる時間にする
②	Point3 各時の目標・内容・評価規準を明確にし、実行する		⑨	Point4 子ども同士で考えを伝え合い、それに対して教師がフィードバックを行う Point5 個々の子どもの得意なことを生かした役割を設定する Point6 子どもが自らの役割を果たした結果を視覚的に確認できるようにする
③	Point4 具体物を用いて、子どもの題材への興味・関心を促す Point5 子ども同士で話し合う機会を取り入れる Point6 子どもがグループで意見を伝え合うためのルールを明確に示す Point7 子ども主体で話し合えるよう、教師は観察とヒント出しに徹する		⑩	Point3 動作を言語化・視覚化する Point4 子ども主体で話し合えるよう、教師はヒント出しに徹する Point5 子どもが話し合って決めたことを視覚的に示す Point6 子ども主導の活動場面を増やしていく
④	Point2 子どもの学習内容へのイメージを膨らませる Point3 子どもが授業の見通しがもてるよう学習活動の順番を一定にする Point4 子どもの「気づき」を促すために着眼点をしぼる声かけをする		⑪	Point3 子どもの興味・関心を高める導入を取り入れる Point4 教師が活動のモデルを示す
			⑫	Point4 子どもが既習の内容を活用できるようにする
⑤	Point2 話し合いの手順と目的を明確に示す Point3 話し合いの手順をワークシートで「見える化」する Point4 子どもの自己評価に対して教師からフィードバックを行う Point5 子どもが自分のよかったところに気づくことを促す		⑬	Point4 評価表を活用して教師間で支援方法の共通理解を図る
			⑭	Point4 日常場面に近い学習設定の中で学ぶ
			⑮	Point5 改善による変化を意識しながら活動を進める
⑥	Point3 話し合いや振り返りをしやすいように活動は同じ流れで繰り返す Point4 チーム活動での各自の役割を明確にする		⑯	Point4 体験活動と話し合いから学習活動の視点を明確にする Point5 自らの目標となる姿を具体的にイメージできるようにする Point6 振り返りをグループで行い、考えを深める
⑦	Point5 新学習指導要領の枠組みに基づき単元を計画し、実践する			

PDCA チェックポイント一覧表

Check

①	Point5 視覚的に学習成果をまとめ、子どもと一緒に振り返る
	Point6 教師間で授業実践事例を共有する
②	Point4 授業づくりの自己チェック表を作成し、活用する
③	Point8 子どもの学びを今後の生活にどう生かすかを検討する
	Point9 単元の学びが今後も積み重なっていくか検討する
④	Point5 単元計画で用いたシートをもとに振り返り、授業改善を検討する
⑤	Point6 子どもの自己評価と相互評価から、子どもの変化を読み取る
	Point7 子どもの自己評価・相互評価を踏まえて授業改善を検討する
⑥	Point5 子どもがすべきことを表にまとめ、目で見て確認できるようにする
⑦	Point6 評価規準の達成状況を確認する
⑧	Point6 子どもの成長した姿からさらに発展できる授業改善を考える
⑨	Point4 子ども同士で考えを伝え合い、それに対して教師がフィードバックを行う
	Point5 個々の子どもの得意なことを生かした役割を設定する
	Point6 子どもが自らの役割を果たした結果を視覚的に確認できるようにする
⑩	Point7 子どもによる自己評価と相互評価を行う
	Point8 子どもが相互評価をもとに再検討する機会をつくる
⑪	Point5 子どもの達成状況を振り返り、授業改善する
⑫	Point5 教師を主語として子どもの様子を記録し、その内面を推察する
	Point6 事後研究会を行う
⑬	Point5 系統的な研究協議に基づき授業改善を検討する
	Point6 子どもが学習成果を発表する機会をつくる
⑭	Point5 定期的に授業を振り返り、授業改善につなげる
⑮	Point6 指導の観点を教師間で共有する
⑯	Point7 授業のエピソードを集約して子どもの学びを評価する

	A Action		
①	Point7 授業の学びを生活の中で発展させる場を設定する Point8 授業改善が有効であったか、単元終了後に振り返る	⑨	Point7 本単元の学びを次の単元で発展させる
		⑩	Point9 主・対・深の視点で実践を振り返る
		⑪	Point6 授業改善後の評価をもとに再検討する
②	Point5 子どもの気づきや反応についての記録を次の学習につなげる Point6 子どもの変化・成長から改善の効果を検証する	⑫	Point7 単元設定時と同様の視点で子どもの姿を捉え、検証する
		⑬	Point7 子どもの授業の様子に基づき、支援を減らす Point8 活動の様子を撮影した動画により子どもの振り返りを促す Point9 片づけ活動も子どもの学習機会として捉える
③	Point10 子どもの学びが深まった場面を振り返る		
④	Point6 子どもの単元における「気づき」を整理する		
⑤	Point8 教師自身が単元の自己評価をして次の学習につなげる	⑭	Point6 子どもの学びの様子を動画で分析する Point7 日常生活の様子の変化を踏まえて授業の学びを評価する Point8 単元評価を年間指導計画の検討に結びつける
⑥	Point6 各評価の観点から子どもの学びを検証する Point7 反復学習とその振り返りから、子どもの学びを深める		
		⑮	Point7 単元の授業改善の結果を次の単元計画に結びつける
⑦	Point7 観点別評価の結果をほかの授業と関連させることを検討する	⑯	Point8 授業のよかった点と改善点の両方を評価する
⑧	Point7 授業で習得したことを普段の生活に広げて活用する		

授業改善のコツ ⑲

ここからは、主・対・深 の視点で授業改善するためのコツと、それぞれのコツを生かして行われた実践事例を紹介します。

① 授業の学びを生活に結びつける
② チェックリストで授業を見直す
③ 学びの積み重ねを形として残す
④ 子どもの題材への着眼点をしぼる
⑤ 自己評価と相互評価の場面を設定する
⑥ 明確な目標を共有する
⑦ 理想の将来像から目標を設定する
⑧ 子どもが選択する機会を増やす
⑨ 子どもの興味・関心から活動を考える
⑩ 教師の介入は必要最低限にする
⑪ 授業改善の方向性を定期的に見直す
⑫ 子どもの様子から内面を推察する
⑬ 体系的な研究協議を行う
⑭ 自らの授業を客観的に振り返る
⑮ 行動分析の視点を取り入れる
⑯ 単元間で学びの意欲を結びつける
⑰ 教科間の学びに連続性をつくる
⑱ 学校全体で教育課程を改善する
⑲ 日常的に授業研究を繰り返す

授業の学びを生活に結びつける

授業終了後も学んだことが生きるように、生活の中でも学習を深めよう！

実践概要 ひらがなとカタカナの使い分けができるようになることを目指して活動を行い、その成果を広げるために、単元終了後も継続して学習に取り組んだ。

実践報告 西村 亮（熊本県立菊池支援学校）｜中学部｜国語

解説

【主体的な学び】カタカナの使い方に関する学習への興味・関心を、動画視聴やレストランのメニュー表をカタカナに変換する活動によって引き出した。

【対話的な学び】ペアトークの時間を設定し、教師はその仲介役となることで、生徒同士がお互いの学習に対する気づきを伝え合うことができるようにした。

【深い学び】本題材で学んだことをもとに、教室内に作った見つけたカタカナを掲示するコーナー「カタカナディクショナリー」の内容を増やし、身近なカタカナの学習をさらに深めていった。

【ツール】平成29年告示の学習指導要領に基づいた、小学部と中学部の国語に関する「指導内容表」がまとめられている。

P 教育ニーズの把握・単元設定

　本校では、2015年から「根拠のある教育実践」をテーマに授業実践をしつつ、研究を進めている。その過程の中で、新学習指導要領の内容を効率・効果的に授業実践につなげることを目的とし、「思考力・判断力・表現力等」の内容項目を内容構成の観点別にまとめ、学習指導要領解説の内容を一部追加した指導内容表を試案として作成した〈表1〉。これは、新学習指導要領を根拠とした授業づくりの推進に加え、自校における従来の授業で「知識・技能」の習得が主だった点を反省し、授業や題材のまとまりにおいて、内容項目に基づき「思考・判断・表現」に働きかける場面づくりを教師に促すことを目的としている。

　この指導内容表に基づき、子どもの学びの段階（次の目標になる段階）や特性などを考慮して、学習の形態（個別や実態別グループ）を編成した。

Point 1　指導内容表を作り、子どもの実態に合わせて学習を設定する

　本実践で対象とした学習グループの生徒7名は、知的障害の状態は軽度から中度であった。ひらがなやカタカナの読み書きはできるものの、自分の名前や「です・ます」だけをカタカナで表記したり、長音が抜けていたり、助詞を正しく活用できていなかったりすることが多々あった。

　この理由として、日常生活の中でさまざまな表記がデザインされているため、生徒にとってカタカナで書く言葉が曖昧になっていることが考えられた。そこで、指導内容表におけるチェック項目が中学部1段階に集中しているグループを対象に、カタカナの指導を設定した。

Point 2　学習が生活に結びつくように単元目標を考える

　題材は、光村図書の、こくご一上「かたかなをみつけよう」、こくご一下「かたかなをかこう」、こくご二下「かたかなで書くことば」の3つを選定し、単元目標を次のように設定した。

【知識・技能】
　身近な生活で使うカタカナを読んだり、書いたりすることをとおして、カタカナで書く語の種類を知る。

【思考・判断・表現】
　さまざまな言葉の中からカタカナで書く語の種類に気をつけて、カタカナを書くことができる。

【主体的に学習に取り組む態度】
　身近な生活に使用されているカタカナに関心をもち、簡単な感想文や日記などで正しくカタカナを使うことができる。

	各学習過程の内容	小学部			中学部	
A聞くこと・話すこと		1段階	2段階	3段階	1段階	2段階
内容の把握	話を聞いて事柄などを思い浮かべたりする。	教師が話しかける場面の状況や絵本の挿絵を手がかりに、内容を大まかに把握し、応答する。・相手からの話しかけに注目する。	簡単な事柄と語句などを結びつけたり、言葉を聞いて、その意味を思い浮かべたりする。	絵本の読み聞かせなどをとおして、出来事など話の大体を理解する。	身近な人の話や簡単な放送を聞いたり、わからないことを聞き返したりして、話の大体を捉える。	身近な人の話や放送を聞きながら、話の事柄の順序や要点を書き留めたり、それらを活用してわからない点を質問したり聞き返したりして、内容の大体を捉える。
話題の設定	自分が話したいことを選んだり考えたりする。	遠足の写真から楽しいと思ったことを1つ選んだり、伝えたいことを思い浮かべる。	簡単な指示や説明を聞き、指示に応じた行動をする。※簡単な指示・説明：「図書室に絵本を返す」「荷物を出してから、カバンをしまう」などの3〜4語の構成文	絵や写真を手がかりに、経験したことを思い浮かべ、伝えたいことを選ぶ。	身近な出来事や経験したことについて、話す事柄を思い浮かべ、伝えたいことを決める。	相手の伝えたいことを明確にする。※身近な人に加え、他学年の生徒や地域の人に対し、説明、報告、知りたいことを聞く、互いの思いや考えを伝え合う
内容と構成の検討	話す事柄の順番を考える。		体験したことなどについて、映像や写真を手がかりにして伝えたいことを考える。	見聞きしたことなどのあらましや自分の気持ちなどに当てはまる言葉を探す。・見聞きしたことについて、話す順番を考える。	見聞きしたことや経験したこと、自分の意見などについて、内容の大体が伝わるように、伝える順序などを考える。	見聞きしたことや経験したこと、自分の意見などについて、内容の大体が伝わるように伝える順序や伝え方を考える。
表現	伝わるように話し方に気をつけたり工夫したりする。	・音声を模倣する。・表情や身振り、音声、簡単な話し言葉などで表現する。	あいさつをしたり、物語の登場人物の簡単なセリフなどを表現したりする。	伝わりやすさを意識して、あいさつや電話の簡単な受け答えをする。・相手に伝わるよう、発音や声の大きさに気をつける。	自己紹介や電話の受け答えなど目的に応じた話し方で話す。※丁寧な言葉遣いなど、場面に応じた言葉遣い	相手に伝わるように発音や声の大きさ、速さに気をつけて話したり、必要な話し方を工夫したりする。※話し方の工夫：言葉の抑揚や強弱、間の取り方、視線など
話し合い				相手の話に関心をもち、感じたことを述べたり、相手の思いや考えを受け止めたりする。	相手の話に関心をもち、わかったことや感じたことを伝え合い、考えをもつ。	物事を決めるために、司会・提案者・参加者などの簡単な役割や進め方に沿って話し合い、考えの共通点や相違点を確認しながら、考えをまとめる。
B書くこと		1段階	2段階	3段階	1段階	2段階
話題の設定 情報の収集	何を書くか考え、必要な語句や写真などを集めたりする。	自分が経験した事柄について、具体物や写真などを手がかりに想起したり、指さしたり、そのときの気持ちを動作などで表現したりする。	楽しかったことなどについて、絵や身近な物や生き物、絵などを手がかりに、伝えたいことを思い浮かべたり、選んだりする。	身近で見聞きしたり、経験したことを見つけ、ノートやカードに書き出す。・書きたいことについて、言葉を補う写真や絵などの資料を集める。	見聞きしたことや経験したことの中から、伝えたい事柄をまとめる。	相手や目的を意識して、見聞きしたことや経験したことの中から書くことを選び、伝えたいことを明確にする。※保護者や教師などの身近な大人、同・異学年の友だち、地域の人に対し、伝える、報告、説明、依頼、案内するなど
内容と構成の検討	事柄の順序に沿って、簡単な構成を考える。			・見聞きしたり、経験したことから、伝えたい事柄の順序や内容を考える。※内容のまとまりごとの「始め—中—終わり」などの順序に沿って配置する	相手に伝わるように事柄の順序に沿って簡単な構成を考え明確にして、「始め—中—終わり」などの順序構成を意識することができる	書く内容の中心を決め、自分の考えと理由などとの関係を明確にして、文章の構成（形式段落と意味段落の関係性の理解など）を考える。
記述	正しく書いたり丁寧に書いたりする。	・文字に興味をもち、自分なりの形を文字に見立てた形を書こうとする。	・自分の名前や物の名前を文字で表すことができることを知り、簡単なひらがなをなぞったり、書いたりする。※具体物や絵、写真などと単語や文字カードと一致させたり、見本となる文字をなぞったり、書けるようになった文字をマスの中に書いたりする。	見聞きしたり、経験したことについて、取りあげた対象や自分の思いを簡単な語句や短い文で書く。	文の構成、語句の使い方に気をつけて書く。	事実と自分の考えとの違いなどが相手に伝わるように、書き表し方（文末表現）を工夫する。
推敲	記述した文章などを読み返し、間違いを正す。			・書いた語句や文を読み、間違いを正す。・事柄の順序、語と語、文と文の続き方、長音、拗音、促音、撥音などの正しい表記、助詞の使い方	自分が書いたものを読み返し、間違いを正す。・事柄の順序、語句と語句との続き方、長音、拗音、促音、撥音などの正しい表記、助詞の使い方	文章を読み返す習慣を身につけたり、語と語、語と語の続き方を確かめたりする。・長音、拗音、促音、撥音などの表記や助詞の使い方、修飾語と被修飾語の理解、敬体と常体の理解
共有	互いに書いたものを紹介しあう。			・文などに対して、わからないことを質問したり、感想を述べたりする。	書いた文章を互いに読み、感想を伝え合う。	文章に対する感想を伝え合い、自分の文章の内容や表現のよいところを見つける。
C読むこと		1段階	2段階	3段階	1段階	2段階
構造と内容の把握	書かれている内容を思い浮かべたり、始めと終わりがあることを捉えたりする。	・絵本などを見て、示された身近な事物や生き物などに、気づき、注目する・絵本の写真や絵などの事物の名前などを読んでもらった際に、その対象を指さしたり、視線や意識を向ける。	・児童が親しんだ絵本の絵や題名を見て、どんな登場人物が出てくるかを考えたり、場面の様子や登場人物の行動についてイメージしたことを言葉や動作で表したりする。・2つの絵を見比べて、登場人物の様子や行動などの違いに気づくなど、絵本などを見て、時間の経過の様子を捉える。	絵本ややさしい読み物などを読み、場面と結びつけて登場人物の行動や場面の様子など想像する。・絵本ややさしい読み物などを読み、時間的な順序など内容の大体を捉える。	簡単な物語や紀行文、詩、短い劇の脚本などより、情景や場面の様子、登場人物の心情などを想像する。・語や語句の意味をもとに時間的な順序や事柄の順序など内容の大体を捉える。※生活に必要な身近なものの使用法や料理法の説明書などを読んで、使い方や作り方を捉えること	物語や詩、短い劇の脚本、紀行文、記録や報道の文章などを読み、情景や場面の様子、登場人物の心情などを想像する。・語と語や文と文との関係をもとに、出来事の順序や気持ちの変化など内容の大体を捉える。
精査・解釈	日常生活に必要な語句や文章などを読み行動する。	・絵や矢印などの記号の特徴に応じ、行動する。	・シンボルマークや標識などの特徴に気づき、意味に応じた行動をする。	日常生活で必要な語句や文、看板などと結びつけて、必要な物を選んだり行動したりする。※生活に必要とされる決まりや立て札、標識など	日常生活で必要な語句や文章などを読み、行動する。※校内の各教室の名前、交通機関や乗り場の表示、安全や危険を知らせる標識など、納品書や請求書、新聞、雑誌、電子メールなど	日常生活や社会生活、職業生活に必要な語句、文章、表示などの意味を読み取り、行動する。※実生活におけるさまざまな説明書を取りあげる・中心となる語句や文を明確にしながら読むこと。
考えの形成	読んでわかったことを伝えたり、感想をもったりする。	・絵本などを見て、次の場面を楽しみにしたり、登場人物の動きなどを模倣をもったりする。	絵本などの好きな場面を伝えたり、好きな言葉を模倣したりする。	登場人物になったつもりで、音読したり演じたりする。	文章を読んでわかったことを伝えたり、感想をもったりする。	読んで感じたことやわかったことを伝え合い、一人ひとりの感じ方などに違いがあることに気づく。※一人ひとりの感じ方とは、「どこに着目するか」「どのような思考や感情、経験と結びつけて読むか」

〈表1〉小学部・中学部国語指導内容表

単元における習得・活用・探求

Point 3 子どもの興味・関心を高める導入を取り入れる

　生徒の題材への興味・関心を高めるために、NHK for school の小学校低学年向け「ことばドリル」で放映された「カタカナでかくことば」を視聴した。これを参考に、教室を架空のレストランとして、家庭や給食で親しみのある和・洋食の食事メニューがひらがなで書かれたメニュー表を用意し、自分が好きなメニューを選び、カタカナに変換する学習に取り組んだ〈写真1〉。

　次時の授業では、前時と同じメニュー表を見ながらメニューを選び、生徒の1人がウェイター役を担当して、全員から注文を取っていった。ウェイター役を交代しながら生徒全員が注文を取り終えてから、教師が仲介役となり、生徒同士のペアトークの時間を設けた。教師がお互いの注文票に書かれたメニューを1つ選び、「あれ、Aくんは『おすし』って書いているけど、Bくんは『オスシ』だ。どうしてだろう？」と生徒による書き方の違いに気づくことができるように声かけをした。自分で和食と洋食の違いに気づいていた生徒やカタカナの読み書きが比較的得意な生徒も、「『とーす？』と『ととまと？』……あ、『サラダ』だ！」と楽しみながら試行錯誤していた〈写真2〉。

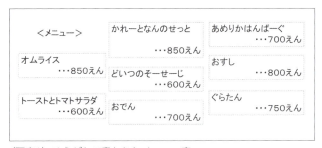
〈写真1〉ひらがなで書かれたメニュー表

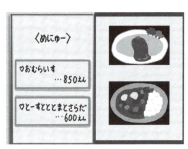
〈写真2〉注文用のメニュー表

Point 4 子どもが学習内容を身近なことに結びつけて理解できるようにする

　第二次からは、カタカナで書く言葉の種類を知り、カタカナを使った簡単な文を作ることができるようになることを目標とした。そのため、「動物の鳴き声」「いろいろな物の音」「外国から来た言葉」「外国の国の名前や土地の名前、人の名前」の4種類について学習を重ねた。

　鳴き声や音といった擬声語は、パソコン上の動物アイコンをクリックすると擬声語が再生されるICT教材を活用し、実際の音声を流しながら体感的に理解できるようにした。外国から来た言葉は、給食メニューを見たり、教室・校内探検などを行ったりする中で、「パン」「ハンバーグ」「チョーク」などのカタカナを集め、調べ学習を組み合わせながら学習を積み重ねた。

C 振り返り

Point 5 視覚的に学習成果をまとめ、子どもと一緒に振り返る

　既習内容の振り返りとして、第二次までに学習したカタカナを短冊にまとめ、黒板に分類しながら学習成果をまとめていった。生徒たちはこれまでの学習カレンダーを見ながら、各授業で学習した動物の鳴き声や校内探険で見つけたカタカナを思い浮かべながら短冊を作り、シートを見ながら分類していった。

　第一次の授業では、自分が書いた注文票を友だちや教師に見せることができなかった生徒も、この日は自信をもって短冊を黒板に掲示する姿が見られた。

Point 6 教師間で授業実践事例を共有する

　授業後の教師間のミーティングでは、「せっかく関心をもち始めたけれど、単元が終わったら忘れてしまいそうで、残念ですね……」との意見が出た。第三次に行ったワークシートによる振り返りや、日誌の「です・ます」の正しい活用などから、生徒が語の種類は理解できていることがわかったが、授業外での活用がそれほど増えなかったためである。

　そんなときに、以前、授業参観をした特別支援学級の教師が「授業後（単元が終わったあと）に、子どもたちの学習成果や授業で使った掲示物をしばらく教室に掲示しておくと、子どもたちが自然に掲示物を意識して、学び続ける様子が見られた」と話していたことを思い出した。

　また、この年の春に行った、タンポポやヨモギ、ミントなど、校庭の植物を自分たちで地図にまとめる理科の学習の際に、生徒たちが調べた植物が1つずつ増えていく地図づくりに意欲的に取り組み、植物の名前を覚えていたこともあり、単元終了後も学習したことが見られるようにすることにした。

次時へ向けて

Point 7 授業の学びを生活の中で発展させる場を設定する

　最後の授業が終わったあと、授業で使用した掲示物を再利用して教室の掲示スペースに貼り付け「カタカナディクショナリー」コーナーを作った〈写真3〉。自由に記入できる短冊も一緒に用意しておき、朝の会での給食メニューの発表や、帰りの会で1日の振り返りをする際に、生徒と一緒にカタカナにできる言葉を考える時間を設けた。

　掲示スペースの活用は、教師も常に「カタカナ探し」を意識できる利点があり、生活のさまざまな場面で「あれ、この言葉はカタカナにできるかな？」と生徒に問いかける場面が増え、生徒と一緒に「カタカナディクショナリー」に登録する短冊を増やしていくことができた。

　授業の終了後も掲示を続ける間に、自宅や外出先で見つけたカタカナを自主的に短冊にして持ってきたり、ALTの先生から教えてもらった料理や地名をまとめたりしながら、自分たちが書いた短冊が1つ、また1つと増え続けた。そして、約2か月後には、掲示板いっぱいの「カタカナディクショナリー」が完成した。

〈写真3〉「カタカナディクショナリー」コーナー

Point 8　授業改善が有効であったか、単元終了後に振り返る

　主体的・対話的で深い学びの視点により、授業改善が的確になされたかを確認するために、振り返りを行った。

◎主体的な学び

　今回の学習グループの生徒は、ある程度のカタカナの読み書きができていたため、その使い方に対する興味・関心を引き出し、その必要性を感じることができるように導入を工夫した。レストランや校内探険など身近な生活に関連した体験活動を設定したことで、主体的な姿を引き出すことができた。

　また、毎時間必ず生徒が自分の考えをまとめる場面を設定したことで、考えの発表や友だちとの意見交換に積極的に取り組む姿を多く見ることができた。これまではプリントによる個人学習が中心だったため、中には、自分の考えを発表することに慣れておらず、消極的になる生徒もいたが、次第に自宅でたくさんの短冊を書いて学校に持ってくるようになるなど、題材に主体的に取り組む様子につながっていった。

◎対話的な学び

　自分で考える時間で導き出した考えを、友だちや教師と話し合う場面（ペアトーク）を設定した。例えば、ペアトークの際に、「おでん」をカタカナに変換していた生徒の注文票を見たペアの生徒が「コンビニで売っている『おでん』はひらがなだったよ。日本の食べ物だからかなぁ」というように、自分が知っていることを相手に伝えていた。それにより、友だちの新しい考え方に触れることができるなど、生徒同士のやりとりをとおして他者の視点に気づく様子が見られた。

　最終日には、新しい知識の習得を生徒自身が実感できることをねらい、第一次で学習したレストランメニューのカタカナ変換に再チャレンジする時間を設定した。終了後、前回のワークシートの結果と比較しながら、前回は間違っていたメニューを正しく変換できていることを伝えた教師に対して、生徒たちが笑顔のハイタッチで応えている姿が印象的であった。

◎深い学び

　今回の学習では、掲示板を活用しながら題材の終了後も継続して学習に取り組んでいった。「主体的な学び」で引き出した学習意欲は、日々更新されていく「カタカナディクショナリー」へと引き継ぐことができた。また、「対話的な学び」として、自分の考えを伝えたり、新しい考えに触れたりするペアトークのやりとりは、「カタカナディクショナリー」をとおしたやりとりへと引き継がれた。

　家庭や学校生活の中で、新たに発見したカタカナを短冊として表現したことも、新しい知識の獲得や次の課題に対する期待感といった深い学びへとつながった。

学部：中学部　　教科：国語
単元・題材：カタカナをみつけよう、カタカナをかこう、カタカナで書くことば

○子どもたちにその単元で何を育てることが目標？（評価できるよう具体的に）
・身近な生活で使うカタカナを読んだり書いたりすることをとおして、カタカナで書く語の種類を知る。
・さまざまな言葉の中からカタカナで書く語の種類に気をつけて、カタカナを書くことができる。
・身近な生活に使用されているカタカナに関心をもち、簡単な感想文や日記などで正しくカタカナを使うことができる。

○どのような指導内容？
・教室をレストランに見立てて、ひらがなで品目が書かれたメニューを見て、品目名をカタカナに変える。
・カタカナを使って簡単な文を書く。
・学んだカタカナの言葉を短冊にまとめる。

○主体的・対話的で深い学びの実現を目指して、どんな指導の手立てを使う？
・教室をレストランに見立てて、品目に関するカタカナの言葉のイメージをもちやすくする。
・「ことばドリル」の「カタカナでかくことば」を視聴して、カタカナへの興味・関心を高める。
・擬声語はICT教材をとおしてイメージがもてるようにする。教師から子どもへの直接的な関わりを工夫する（フィードバック含める）。
・生徒が自らひらがなとカタカナの言葉の違いに気づくような発問をする。

○学習評価の結果は？（目標に基づく）
・動物の鳴き声など、カタカナ言葉に関心をもち、教師の援助なしに自らで多くのカタカナ言葉を短冊に書くことができるようになった。
・日常生活でカタカナ言葉に注目したりカタカナに書き換える様子は見られず、学んだカタカナを忘れてしまうかもしれない。

○評価結果から単元後半の授業改善は？
・「カタカナディクショナリー」コーナーを作り、生徒が日常的にカタカナ言葉を探す機会をつくる（授業後の工夫）。

主・対・深 2 チェックリストで授業を見直す

授業チェックリストをもとに話し合い、指導内容を再設定しよう！

実践概要 電子スケールを使用して「重さの学習」を行った。授業チェックリストをもとに生徒の学習状況の評価と改善に向けた話し合いを行い、授業改善に生かした。

実践報告 宮本真吾（和歌山県立紀伊コスモス支援学校） | 高等部 | 数学

解説

【主体的な学び】カルピスを作り、自分が決めた相手に振る舞うことを活動目的としたことで、重さとその測定の学習に意欲的に取り組んだ。

【対話的な学び】授業チェックリストをもとに、重さの測定に関して生徒間で相互評価する機会を設定した。

【深い学び】カルピス作りと作ったカルピスを振る舞うことを目的に、生徒相互で重さの測定を教え合い、量と重さの関係に注目して学ぶことができた。

【ツール】授業づくりを行う際に活用する「チェックリスト」で、教師が授業の振り返りを行っている。

P 教育ニーズの把握・単元設定

　本校高等部の数学科では、実生活と結びついた授業を展開し、生徒が学んだことを学校生活や家庭生活で活用したり、卒業後の「暮らす」「はたらく」「楽しむ」場面で応用したりすることを目指している。本実践で対象とした、1年生4名の生徒たちは、学習に対して意欲的だが、知的障害の程度が比較的重度で、指示の意味理解や意思表出など、言葉でのやりとりが困難な生徒が多い。また、活動に対する見通しのもちにくさ、手指の巧緻性や力の加減などに困難さがあり、授業スケジュールの提示や言語理解を補う視覚的な情報提示など、個別の支援が必要であった。

　数量に関する理解度の差も大きい学習集団であった。これまでの学習の中では、「長さ」や「かさ」の概念について、「長い─短い」「多い─少ない」などを具体物の操作をとおして学んできた。「重さ」については、日常生活の中で「重い─軽い」という感覚は経験しているが、重さの単位に注目したり、重さを量ったり、物の量を調整したりする学習には取り組んでいなかった。

Point 1　子どもが生活で示す課題と好きなことから学習を設定する

　本グループの生徒は、目分量では1食分の適量がわかりにくいため、給食の配膳時、茶碗にご飯をよそいすぎてしまったり、少なすぎたりすることがあった。そこで、数字を手がかりに、自分で適量を判断したり、ちょうどよい重さに調整したりできることを目標に、電子スケールを使った重さの学習を設定した。それにより、それまでに学んだ数字をマッチングする力、1から10まで数唱する力、学校生活や家庭生活で身につけた量感などの力を活用するとともに、高等部での学びをとおして社会生活や職業生活で生かせる新たな力を獲得することを目指した。

　また、生徒は「パンを作りたい」「ありがとうと言われるとうれしい（誰かの役に立つことをしたい）」「自分でできることを増やしたい」などの思いをもっていたため、新たな学びへの意欲を引き出し、達成感や自己有用感を得られるように、「重さを量ろう（カルピスづくり）」という単元を設定し、次のように単元目標を設定した。

【知識・技能】
　これまでの数や量についての学習を生かして、重さの比べ方や表し方がわかる。

【思考・判断・表現】
　電子スケールを使って身近な物の重さを量ったり、重さを調整したりすることができる。

【主体的に学習に取り組む態度】
　重さの単位がわかり、重さの表し方や測定の方法について興味をもち、自ら量ろうとすることができる。

Point 2 生活に生きる身近な題材を選ぶ

対象生徒が身近な生活の中にある数学的な見方や考え方に気づき、生活場面に必要な数量感覚を身につけるため、この単元では、第一次〜第四次で全14時間の学習を設定した〈表1〉。

次(配時)	【つけたい力】学習内容	学習活動	評価規準（評価の視点）
一次(2)	【大きな数を捉え、読む力】 ・大きな数の読み方を知り、読むことができる。 ・大きな数の数字のマッチングができる。	①100タイル並べ ＊ ②大きな数のタイルを数えたり、タイルを用いて数字と量を比較したりする。（100〜500） ③大きな数のマッチング、数字カード選び ④重さ比べ（具体物の重さ比べ：直接比較）	・数の大きさのタイルを操作し、大きさを比較したり、枚数を読んだりして大きい数が読める。 ・大きな数をマッチングしたり、大きい数を聞いて数字カードを選んだりできる。 ・具体物に実際に触れて重さを比較し、「重い（軽い）のはどっち？」の問いに答えられる。
二次(4)	【重さの基準で2つのものを比較する力】 ・デジタル表示の読み方を知る。 ・重さの単位を知り、はかりの役割がわかる。 ・重さの量り方がわかり、具体物の重さを比べる。	①アラビア数字とデジタル表示をマッチングする。示された数字と同じ数字を電卓で作る。 ②「g」に注目し、「グラム」と読む。 ③重さを計る道具（電子スケール）を使ってお茶やパスタなど、身近な物の重さを量る。 ④2つの具体物を直接手にとって重さを比べたあとに、かさや数字を比較する。	・電卓に表示された数字を読んだり、指示された数字を打ったりすることができる。 ・はかりの名称や重さの単位（g）が言える。 ・同じ中身であれば、量の違いが重さの違いであることに気づく。
三次(6)	【重さの基準で物の量を調整する力】 ・電子スケールの使い方がわかる。 ・電子スケールで重さを量る。（水、お茶、パスタ） ・カルピスを作る。	①デジタル表示の読み方の確認。（アラビア数字とデジタル表示のマッチング） ②実際の具体物の量を調整し、指示された重さに合わせる（量感）。量の違いが重さの違いであることに気づく。	・100gずつ示されたデジタル表記を見て、重さを読んだり、数字カードとマッチングをしたりできる〈写真1〉。 ・入れる量に比例して、数字が1〜10まで増えていくことに気づく。 ・道具の使い方や手順を覚え、セッティングができる。 ・表示（g）を見て2つの重さを比較できる。
四次(2)	【行動を自己調整したり、問題を解決したりする力】 ・電子スケールに表示された数に注目し、量を調整することができる。 ・カルピスを作り、届ける。	①カルピスを届けたい人を選び、必要な物を準備してカルピスを作る。 ②カルピスを届け、感想を聞く。	・カルピスを作る目的がわかり、自分から準備したり、カルピスを作ったりすることができる。 ・カルピスの原液や水を指定されたちょうどの重さに調整することができる。
授業後	【重さの基準で量を調整し、問題を解決する力】 ・ご飯を茶碗に100g入れる。	①給食の配膳時に、授業で用いた電子スケールを用いて、ご飯をよそう。	・ご飯の量を自分で100gに調整することができる。

〈表1〉指導計画　　　　　　　　　　　　　　　　　　　　　＊1 174ページ参照

〈写真1〉

単元における習得・活用・探求

Point 3 各時の目標・内容・評価規準を明確にし、実行する

第一次

①〜③〈表1〉 数の大きさのタイルを操作し、大きさを比較したり、枚数を数えたりして「500」までの大きい数を読むことや数字カードを選んでマッチングをすることができた。

④ 具体物を見て比べたり、実際に触れて重さを比較したりして、「重い（軽い）のはどっち？」の問いに、重い（軽い）ほうの具体物を手渡して答えることができた。

第二次

① アラビア数字とデジタル表示の「2」と「5」の読み間違いが多く見られた。そこでデジタル表示の数字同士のマッチング、アラビア表記とデジタル表示のマッチングの課題を個別ワークにして授業の導入で取り組ませると、数字の形の違いに気づくようになった〈写真2・3〉。

② 「g」を「グラム」と読むことを覚えて、授業内容に関心をもつ生徒の姿が見られた。

③・④ 実際に2つの具体物の重さを比べたあとに、かさを比較するように示したことで、「重いのは多い」「少ないのは軽い」などと気づいたことを発表できた。

第三次前半

① 常時変化する一の位によって生徒が混乱しないように、「0」の表示を貼り付けた。それにより、電子スケールに表示された数字を生徒が読みとったり、入れる量に比例して数字が1〜10まで変化することに気づいたりした。

② 電子スケールを2つ準備し、同じ重さにした具体物を手に取って比べたことで、数量と感覚の一致に気づいた生徒もいた。また、重さ（g）を示す数の大きさで重いほうを予想し、手に取って確かめることができた。

〈写真2・3〉アラビア数字とデジタル数字のマッチングの様子

C 振り返り

Point 4 授業づくりの自己チェック表を作成し、活用する

本校では、月に1度、授業者による「授業チェックリスト」〈表2〉の記入と授業改善に向けた話し合いを行っている。今回の実践では、生徒の表出や行動を待つ姿勢を観察する、生徒に伝えたい内容を見てわかる方法で示すなど、授業中に大事にすべき点を話し合った。

リストへの記入内容を再確認することにより、生徒個別への即時評価が多いことに気がついたため、生徒が自分の頑張りを確認したり、友だちと頑張りを認め合ったり、声をかけ合ったりする場面を設定し、自己評価や相互評価を授業に取り入れることにした。

このように授業チェックリストを用いた話し合いをとおして、生徒の学習状況を評価し、指導目標の確認や今後の単元の指導内容を再設定するなど、授業改善を進めることができた。

	1	2	3	4	5	↑
1　指導の意図の明確さ	1	2	3	4	5	↑
① 授業のスケジュールが明確に提示されている。(スケジュール全体と一つひとつの活動がわかる工夫も含めて)						
② 指示は一度に1つにしている。						
③ 目標設定は具体的な行動を表わす言葉で表記している。						
④ 般化を考えた学習内容を設定している。						
⑤ 主指導とサブの位置取りや活動の動線が整理されている。						
2　子どもの集中と理解を高める工夫	1	2	3	4	5	↑
① 授業目標を子どもと一緒に確認している。(個々の目標を生徒にも伝えている)						
② 子どもの注意が向いたことを確認してから授業を展開している。						
③ スケジュールや手順表などで、目標に対する確認や振り返りを行う活動がある。						
④ どの感覚に働きかけているのかを意識し、指導している。(五感・前庭覚[※1]・固有覚[※2]を含めて)						
⑤ 姿勢面への配慮をしている。(見えやすさ・聞こえやすさ・操作のしやすさ)						
3　子どもへの情報の伝え方と関わり方	1	2	3	4	5	↑
① 指導したい内容を視覚化して伝えている。(見てわかるように構造化し、操作を伴う活動があり、活動の結果が答えに導ける)						
② 否定語・禁止語を使わず、肯定文で伝えている。						
③ 内容の理解や定着、頑張りを即時に評価し子どもにわかる形で返す機会がある。(すぐに・話し言葉や動作・表情・視覚的にわかる方法で)						
④ 子どもの表出を待つ姿勢がある。(せかさず・じっくり・さりげなく)						
⑤ 他者評価だけではなく自己評価や友だち同士の相互評価、多様な評価を組み入れている。						
4　個に応じた指導の配慮	1	2	3	4	5	↑
① 全体授業の中で個々に応じたワークシートなどの活動や個別の学習も組み込まれている。						
② ねらいのない待ち時間を減らし、学習の機会を保障している。						
③ 生活年齢にふさわしい学習内容である。						
④ 子どもの言葉を拾い、やりとりしながら授業を進めている。						
⑤ 考えがまとまりにくい子、話すのが苦手な子への支援の工夫がある。(選択肢やキーワード、ヒントカードの提示)						
5　適切な実態把握と目標設定に基づく授業の展開	1	2	3	4	5	↑
① 実態把握ができている。(障害からくる困難さ・学習到達度などの把握だけでなく生活アセスメントを含む)						
② 授業の中に「わかった」「できた」の体験がある。						
③ 子ども同士がキャッチボールし合える環境をつくっている。(ペア学習・グループ学習・発表・相互評価などの工夫)						
④ 子どもが話を聞くときや発表するときのルールなどがある。						

※1 前庭覚…内耳の前庭で知覚され加速(減速)や回転など、自分の頭の動きや傾きを感じとる感覚
※2 固有覚…筋肉、腱、関節にある受容器から入力され、自分の身体がどう動いているのか、体位はどうなっているのかを知る感覚

〈表2〉授業チェックリスト　1:できていない 2:どちらかといえばできていない 3:どちらでもない 4:どちらかといえばできている 5:できている ↑:アップ計画

次時へ向けて

Point 5 子どもの気づきや反応についての記録を次の学習につなげる

第三次後半

　カルピス作りに当たり、操作面に難しさのある生徒はペットボトルだと一度にたくさんの水を入れてしまうため、持ちやすくて操作しやすい小さいプラカップを用意した〈写真4・5〉。

　生徒によっては、重さを調節するためには少しずつ量を増やすことが有効だと気づき、電子スケールに表示される数字の変化を確認したり、仲間の「もうちょっと」の声かけを聞いて、微調整したりする様子が見られた〈写真6・7〉。

　自分で適量に調整したカルピスを飲むと、「おいしい」「おかわりしたい」との感想があった。調理では量の調整がおいしさにつながると気づくきっかけになった。

〈写真4〉最初は勢いよく注いでいた

〈写真5〉量を調整しながら注げるようになった

〈写真6・7〉友だちの活動を見守り、アドバイスをする

第四次

　自分がカルピスを振る舞う相手を決め、「誰に」「何のために」という活動目的を確認したことで、意欲的に活動できた。慎重に作業し、指定された重さに調整しようとする姿があった。そして、相手から「おいしい」と声をかけられたり、書いてもらった感想を見返したりして、喜ぶ様子が見られた。

Point 6 子どもの変化・成長から改善の効果を検証する

◎主体的な学び

　授業の展開や本時の活動内容を生徒に示すことで、順番や係を自分たちで決めるなど、意欲的に取り組めた。また、「○○のための学習」「○○できるようになる」と目的を明確に示したことで、真剣に学習に取り組むことができた。

　活動を重ねるごとに言葉や身振りで自ら仲間と関わろうとする姿が見られるようになった。意欲を引き出す原動力は、「○○したい」という生徒の思いであると、実践をとおして感じた。例えば、カルピスを作ったらどうするかを生徒に問うと、「あげる（わたす）」との発言があった。授業後にも確認したところ、「（わたしは）○○先生！（にあげたい）」などとリクエストが出て、積極的に取り組む姿が見られた。

◎対話的な学び

　「授業チェックリスト」により、生徒からの発信、評価の課題や生徒同士の関わり、意味のない待ち時間をなくすことついての課題があがった。指導者間で意見を交換し合った結果、個別課題の内容を充実し、生徒間の相互評価のしかけをつくることにした。

　具体的には、新たにワークシートを用意し、生徒が評価し合う活動を設定した。すると、仲間に注目されていることを意識し、認められたい、失敗したくないという気持ちが生徒たちの態度に見られるようになった。また、仲間の作業を注意深く見る役割を得たことで、「もう少し！」「ゆっくり」と声をかけたり、「できてた！」と仲間の頑張りを称賛したりするようになった。

◎深い学び

　数字に注目するだけでなく、量を増やすと電子スケールに表示された数字が増えること（比例）に気づくことができた。また、適量を示す数が近づいてきた際に水をゆっくり入れるなど、目的をもって量を加減したり、調整したりするようになった。目的の値を意識して調整できるようになったことは、数学的な見方の拡大や考え方を生活の中で応用することや、ほかの場面での自己調整やさまざまな取り組みへの自信を向上させることにもつながると期待している。

　主体的・対話的で深い学びの観点で実践全体を振り返ってみると、授業改善という面では、やはり授業チェックリストを活用したことによって改善項目を設定できたことが大きかった。学習で得た力を給食の配膳場面で生かすことに関しては、自ら電子スケールに茶碗をセッティングし、数字を確認しながら、少しずつご飯をよそうことができるようになった。

　今後は、「100gはだいたいこれくらい」という量的な感覚を得ることができることや自分で調整できることを目指して、引き続き取り組んでいきたい。

PDCAチェックシート

学部：高等部　　教科：数学
単元・題材：重さを量ろう（カルピス作り）

○子どもたちにその単元で何を育てることが目標？（評価できるよう具体的に）
・これまでの数や量についての学習を生かして、重さの比べ方や表し方がわかる。
・電子スケールを使って身近なものの重さを量ったり、重さを調整したりすることができる。
・重さの単位がわかり、重さの表し方や測定の方法について興味をもち、自ら量ろうとすることができる。

○どのような指導内容？
・タイル操作での、大きさや枚数比較と数詞の読みやマッチング。
・アラビア標記とデジタル表示のマッチング、「g（グラム）」の読み、具体物の重さ比較。
・電子スケールの使用。

○主体的・対話的で深い学びの実現を目指して、どんな指導の手立てを使う？
・個別ワークができるように設定した。
・具体物を使用して重さを学んだ。
・電子スケールの一の位に「0」の表示を貼り付け、十の位の変化への注目を促した。
・生徒が授業の課題や活動を行った結果を、教師が個別に即時で評価した。

○学習評価の結果は？（目標に基づく）
・重い（軽い）具体物の問いに正しく答えられるようになった。
・「重い（少ない）のは多い（軽い）」など、量と重さの関係を答えられるようになった。
・電子スケールに置く量により、重さの数字が変わることがわかった。
・自己、相互に評価する場面があれば、重さを正確に量ったおいしいカルピス作りを促せるかもしれない。
・生徒によっては少しずつ量を増やして重さを量ることが難しかった。

○評価結果から単元後半の授業改善は？
・生徒がカルピスを振る舞う相手を自分で決められるようにする。
・水を少しずつ注ぎやすい小さいプラカップを用意する。
・電子スケールの数字の変化を確認し、どのくらい量を増やすのか生徒同士で声かけするよう促す。

主・対・深 3　学びの積み重ねを形として残す

子どもが学んだことを自ら記録し、積み重ねられるようにしよう！

実践概要　生徒主体の話し合いを中心に「心と身体の成長」について学習した。学んだことを生徒自身で振り返り、今後の対人関係におけるルールを考えた。

実践報告　田口博章（愛知県立三好特別支援学校）｜高等部｜保健体育

解説

【主体的な学び】生徒にとって親しみのある教師や、男女に関するなじみのある画像などをもとに、男女の違いや異性への配慮を身近なものとして学んだ。

【対話的な学び】「ミッションを進めるときのルール」として話し合いや発表のルールを明確化し、教師は観察や気づきを促す言葉かけに徹したことで、話し合いが活性化された。

【深い学び】本題材で学んだ男女の違いや異性への配慮をもとに、各生徒がマイ・キャリアブックに異性と関わるルールを加えていくことで、本題材終了後も異性への配慮の学びが深まっていくことを促した。

【ツール】生徒が自らの学びを積み重ねるワークシートとして、「マイ・キャリアブック」が活用されている。

P 教育ニーズの把握・単元設定

　本実践の対象となる高等部2年の12名の生徒は、軽度から中度の知的障害がある。生徒たちは、自らの性別への意識はあるものの、男女での考え方や体の違いについての理解はできていなかった。また、学校全体においても、異性に対しての尊重や思いやりに欠ける言動があるなど、基本的なエチケットやマナーについて理解できていない生徒がいた。

Point 1　学部間での各教科の学びの系統性を検討する

　本校は、教科ごとに小学部から高等部の教師が集まり指導を検討する「教科会」という場を設けている。学習指導要領改訂に伴って教科会の回数を増やし、学習指導要領の全体像の理解や活用を進めている。特に、学習指導要領の3つの柱（知識・技能、思考力・判断力・表現力等、学びに向かう力・人間性等）に基づき、連続的な学びを実現できるように計画的な授業改善に力を入れることにした。

　3つの柱に照らし合わせ、目標設定や題材全体をとおした評価計画の設定などを行った。また、授業の中に、従来の「知識・技能」の習得や個へのアプローチのほか、題材をとおして今まで以上に「思考力・判断力・表現力等」の育成に基づいた場面をつくり、それらに対して評価の視点を取り入れるようにした。それにより、教師が一方的に教えずに、生徒同士の学び合いの中での気づきを待つことなど、関わり方も見直された。

Point 2　子どもの学びの実態を踏まえ、年間指導計画を見直す

　学校での健康教育の中核を担う「保健学習」は、小学部から高等部までの一貫性や他教科等との関連が重要となる。一方、本校では、系統的な実践に至っていない実情が見られた。

　そこで、保健体育科の教科会では、「根拠ある授業づくり」というテーマを掲げ、過去に実施した授業内容と学習指導要領との整合性を図ることにした。系統性のある指導内容の選定や体育分野（運動領域との関連）といった課題を含め、計画全般について検討した。その際、中学校や高等学校の教科書を参考に、生徒の実態に合わせた内容を精選するなど、学びの段階を踏まえて保健学習計画を作成した。

Point 3 題材の目標を3つの柱に基づき設定する

　題材名を「体と心の成長を知ろう」とし、中学校で扱う「心身の機能の発達と心の健康」をもとに、生徒の実態に合わせて内容を設定した。また、本事例では、男女が一緒に学習するため、生殖に関わる機能の成熟は扱わないこととした〈表1〉。

次	題材	主な学習活動	評価規準	知	思	主
1	違いを知ろう	乳児期～思春期の変化 ・体の変化 　（クイズ、動画視聴、データから） ・心の変化 　（クイズ、データ、時事的話題から）	乳児期から思春期の男女の心身の変化について理解することができたか	○		
2	どこがおかしい？ なぜおかしい？	不自然な画像についてのグループ学習 ・おかしい箇所探し ・おかしい理由の話し合い ・グループ発表	話し合いや発表を通じて、課題を見つけたり、考えたりしたことを他者に伝えることができたか		○	
3	今後に向けて	ルールをつくる ・自らルールをつくり記入する ・マイ・キャリアブックに綴る	自分や友だちの大切さに気づき、明るく豊かな生活を営む態度を養うことができたか	○	○	○

〈表1〉授業計画　　※保健分野は2要点であるが、「学びに向かう力・人間性等」についても教科全体の要点を意識できるよう取り入れたい。

　当題材における学習目標を「育成を目指す資質・能力」とひもづけて、以下のように設定した。

【知識・技能】
　乳児期から思春期の男女の心身の変化について理解することができる。

【思考・判断・表現】
　話し合いや発表を通じて課題を見つけたり、考えたことを他者に伝えたりすることができる。

単元における習得・活用・探求

Point 4 　具体物を用いて、子どもの題材への興味・関心を促す

第次時　～違いを知り、違いを尊重しよう～

　基礎的な知識として、体の成長と心の成長のそれぞれを学ぶ時間を設定した。

【体の成長に関するテーマ】

①「この先生は誰ですか？」（身近な先生の乳児期の画像から）
②「違いを探そう」（男女の身体それぞれの乳児期～成人期に至るまでの変容動画から）
③「身体の成長でこんな影響が！」（体力テスト、身長や体重などの目に見えるデータから）

　3つのテーマで、クイズ形式やペアで話し合う活動に取り組んだ。ここでは、教師が一方的に伝えることのないよう配慮した。また、T1とT2が異性だったので、筋肉や毛を見せたり、握力を測定したりするなどの試みによって生徒が体の成長に対する興味・関心を高められるようにした。

　①では、画像の乳児がどの先生か当てられず、乳児期は男女にほとんど違いがないことを知ることができた。また、②の変容動画を見ることで、どの部位がどのように変化をするのかを生徒同士で気づき、発言をするなど、異性の違いを一つひとつ確認することができた。

Point 5 　子ども同士で話し合う機会を取り入れる

【心の成長に関するテーマ】

④「こんなことありませんか？」（異性を気にする、他人にどう見られているか気になるなど、男女の心の違いなどのイラストやデータから）
⑤「これはいいのかな？」（異性との距離、SNSでのやりとり、付きまとうなどのイラストから）

　2つのテーマで、生徒ペアでの話し合いを行った。また、生徒の内心（はじらいなど）に配慮し、話し合いのほか、○×クイズを行う時間を設けたことで、友だちの考えていることを感じ取りながら、正しいことや間違っていることを確認できた。

　この時間のまとめとして、教師からは、異性間で「違う」ことは当たり前であり、それぞれに意味があること、異性に対しては思いやりのある言動ができるとよいこと、同性・異性に関係なく、一人ひとりが違う（個性がある）のは当たり前であることを併せて伝えた。

Point 6 子どもがグループで意見を伝え合うためのルールを明確に示す

第二次①時　〜どこがおかしい？ なぜおかしい？〜

　3グループに分かれ、それぞれ異なる「ミッション画像」（例えば、一般的には男女別に行うスポーツを男女混在で行っている場面など）のおかしいと思う箇所に気づき、なぜおかしいと思うのかを友だちと意見交換し、発表するというミッションに取り組んだ〈写真1〉。

【ミッションを進めるときのルール】
●話し合いについて
・「なぜおかしい？」の話し合いを大切にする。
・前時での学習や普段の生活で気づいたことなどを参考に進める（前時の資料は黒板に掲示）。
・友だちの意見を大切にする。
・うまく進まないときは先生を呼んでもよい。

●発表について
・聞き手がわかるように伝える。
・発表方法は自由（筆記用具などは準備）。
・発表後、友だちや教師の質問に答える。

〈写真1〉活動の様子

Point 7 子ども主体で話し合えるよう、教師は観察とヒント出しに徹する

　生徒から思いがけない意見（靴下がおかしいなど）も多数出たが、なぜおかしいと思うのかを伝えることで、さらなる話し合いに展開するなどの様子が見られた。

　また、話し合いが行き詰まったときに、教師が忍耐強く生徒との距離を保ちながら観察することで、沈黙の中に見える生徒のささいな動き（友だちが書いた付せんを読み直す、何度も黒板を見に行く、友だちに問いかけるなど）に気づくことができた。

　生徒から教師にヘルプがあった際は、付せんを渡して書くことを勧めたり、「画像と同じことを実際にやってみたら？」「黒板見てきたら？」などと言葉かけをしたりした。それにより、話し合いが活発になる様子が見られた。

　発表では、事前に発表方法を定めなかったことで、各グループの工夫（立ち位置、使用する道具、役割分担など）が見られた。また、話し合いの段階で正解や不正解に重点を置かないようにしていたため、自分たちの意見に自信と責任をもって伝える様子が見られた。

C 振り返り

Point 8 子どもの学びを今後の生活にどう生かすかを検討する

　発表後に、生徒が他グループの発表や自らの取り組みについて、それぞれ感想を聞く場面を設定し、自己評価と相互評価を行った。他グループを具体的に称えたり、友だちの意見を引き出したりしながら、多くの感想に共感し、頑張りを認め合うことができた。

　教師からは、全体をとおしたまとめとして、基本的な知識の習得や発表や振り返りに至るまでの過程（特に話し合いの場面）についての評価を細かに伝えた。

　授業後の教師相互による授業評価では、題材全体を通じた計画（目標、内容、進め方、評価）により、習得や活用ができたという意見が多かった。授業後に生徒から質問があるなど、興味・関心が高まる様子が見られた。だからこそ生徒に、異性との関わり方について、この授業を機に今後も考え、学び続けてほしいという意見も多くあがった。

Point 9 単元の学びが今後も積み重なっていくか検討する

第三次 1 時 〜ルールをつくろう・今後に向けて〜

　「人と関わるときのマイルールをつくろう」をテーマに、生徒が自らルールを設定する時間を設けた。箇条書きでたくさん書けるよう、各行の最初に「・」をあらかじめ印刷したシートを配布し、いつでもルールの追加や変更をしてもよいことを生徒に伝えた。

　また、本校は、学びを支えるためのワークシートとして、生徒一人ひとりが「マイ・キャリアブック」を活用している。生徒自身が立てたルールをここに綴ることで、さまざまな教育活動においても学んだことを意識できるようにした〈写真2〉。実際、保健の授業後に、異性との関わりについて質問に来たりルールを追加記入したりしている生徒もいた。

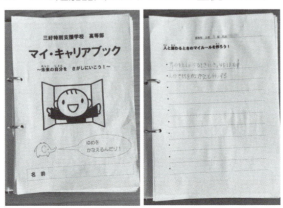

〈写真2〉マイ・キャリアブック

A 次時へ向けて

Point 10 子どもの学びが深まった場面を振り返る

◎主体的な学び

　異性を中心とした人との関わり方は、日常生活においてなじみのあることであり、教師は授業前より、生徒が具体的に学ぶ機会の必要性を抱いていた。授業においては、はじらいなどによる消極性を予想して、動画の視聴や身近なデータ活用、クイズ形式やペアでの話し合いなどを用いることで興味・関心を高めることができた。

　その結果、消極的な姿は見られず、主体的に取り組む様子が見られた。また、全体をとおしてルールなどに自由度をもたせたことで、失敗を恐れずに取り組めたことも主体的な学びにつながった。

◎対話的な学び

　話し合いの場面については、生徒同士による協働の尊重や考えを広めたり深めたりできるようルールを設定した。

　また、教師が各活動における評価の観点を明確にし、それを踏まえて指導したことで、生徒たちが自分の知識を生かして、自らの考えを広めようとする様子が見られた。

◎深い学び

　発表の場面において、どうやってわかりやすく伝えるのか、質問に対してどのように答えるのか、形式が定められていない中で、生徒たちが自ら必死に具現化しようとする様子が見られた。また、話し合いを通じて、知識が自身の内面に根づいていったと考えられる。さらに、その考えを発信することで学びが深まったと捉えられた。

　人と関わるときのルールを自ら設定したことや、ほかの教育活動とともに「マイ・キャリアブック」に綴ることによって、今後さまざまな生活において新しい気づきや課題に直面した際に、より深い学びにつながることが期待できる。

| P | ③のPoint1 ☐ ③のPoint2 ☐ ③のPoint3 ☐ 〇のPoint ☐ | D | ③のPoint4 ☐ ③のPoint5 ☐ ③のPoint6 ☐ ③のPoint7 ☐ |

学部：高等部　　教科：保健体育
単元・題材：体と心の成長を知ろう

○子どもたちにその単元で何を育てることが目標？（評価できるよう具体的に）
・乳幼児期から思春期の男女の心身の変化について理解できる。
・話し合いや発表を通じて課題を見つけたり、考えたことを他者に伝えたりすることができる。

○どのような指導内容？
・男女の体の成長、心の成長（異性に対する意識）についての話し合いとクイズに取り組む。
・画像を見て不自然な箇所（男女の配慮が必要な点など）についての意見交換（話し合いと発表ではあらかじめルールを明示した）。

○**主体的・対話的で深い学びの実現を目指して、どんな指導の手立てを使う？**
・話し合いの際には前の授業までの資料を黒板に掲示して、話し合いの手がかりになるようにした。
・教師の乳幼児期からの体の成長がわかる画像や動画を用意した。
・男女の心の成長に関するイラストやデータを用意した。
・男女の配慮に関して不自然な画像を用意した。
・生徒同士の話し合いが行き詰まった際に、教師がすぐ援助せずに生徒を観察した。
・話し合い中に生徒から相談されたら、直接的に回答せず、話し合いが活発になるような言葉かけをした。
・話し合いの段階では、正解・不正解については重点を置かずに言葉かけするようにした。

| C | ③のPoint8 ☐ ③のPoint9 ☐ 〇のPoint ☐ 〇のPoint ☐ | A | ③のPoint10 ☐ 〇のPoint ☐ 〇のPoint ☐ 〇のPoint ☐ |

○学習評価の結果は？（目標に基づく）
・グループでの話し合いでは、それぞれのグループから異性との関わりについてさまざまな発表があった。
・話し合いでは、意見を出し合い、感想に共感する様子が見られた。
・生徒が本題材をとおして学んだ異性との関わり方を、今後の生活内でも考え、学び続ける工夫が必要であると思った。

○評価結果から単元後半の授業改善は？
・「マイ・キャリアブック」に、本単元で生徒が自ら立てた異性との関わりについてのルールを綴るようにした。

主・対・深 ④ 子どもの題材への着眼点をしぼる

「気づき」を促し、友だちの「気づき」にも意識を向けさせよう！

実践概要 「読み書き学習」において子ども同士が学び合う活動を設定した。単元構想シートをもとに計画・見直しを行い、一人ひとりの「気づき」をサポートした。

実践報告 吉川 透（長崎大学教育学部附属特別支援学校）｜中学部｜国語

解説

【主体的な学び】単元構想シートを用いて授業検討がされている。それに基づき、生徒たちの興味・関心が高い自動車に関する説明文を題材とした。

【対話的な学び】生徒たちが自動車について気づいたことを発表し合い、自分とほかの生徒の気づきの違いに気づいたり、気づきを共有したりするよう促した。また、授業改善から、自動車のイメージの具体化、説明文の要点チェックやワークシート記入に関わる負荷の軽減などをしたことで、生徒が自動車に関する自らの気づきを言葉にして、お互いに共有できるように促すことができた。

【深い学び】こうした学びをとおして、説明文において言葉にした自動車のイメージに気づき、その気づきを自分の言葉で表現するという学習につながっている。

【ツール】単元計画と振り返りに活用できる「単元構想シート」を取り入れている。

P 教育ニーズの把握・単元設定

　本実践の対象となる生徒は、中学部2年生1名、3年生2名の学習グループである。知的障害の状態は中度で、教師の簡単な質問に答えたり、2語文、3語文で話したりすることができる。ひらがなやカタカナを使って、生活に必要な文字や単語を書いたり、視写したりすることができるが、促音や長音などの特殊音節を正しく書くことは難しい。このような実態から、小学部三段階相当の学習内容が適切であると判断した。これまでの学習では、見聞き、経験したことを話したり、指示を聞いて行動したりするなど、「聞くこと・話すこと」を中心に学習してきた。

　そこで、今回は「書くこと」、「読むこと」の内容を増やし、3名の生徒が共に学び合う場面を設定したいと考えた。学習グループの題材は、はじめは、文部科学省の著作本である「国語☆☆☆☆」にある説明文を取りあげることを考えたが、生徒の実態や興味・関心を考慮し、小学校1年生の国語科教科書から、光村図書こくご一下「じどうしゃくらべ」を選定した。

Point 1 単元で育てたい資質・能力などを整理しながら計画を立てる

　本校では、平成30年度に「主体的・対話的で深い学びの実現に向けた授業改善」というテーマで長崎県教育センターとの共同研究に取り組んだ。その研究の中で、単元で育てたい資質・能力や「見方・考え方」を働かせるための手立てなどを盛り込むための「単元構想シート」〈図1〉を作成して授業実践を行った。

〈図1〉単元構想シート

学部・学年	中学部　国語科Dグループ（男子2名　女子1名　計3名）
教科・単元名・時数	【国語科】単元名「説明文を読もう」　全6時間

1　生徒の実態

〈既習事項〉
・ひらがなやカタカナで生活に必要な文字や単語を書いたり、視写したりする学習に取り組んできている。
・見聞き、経験したことを話したり、指示を聞いて行動したりするなど、「聞くこと・話すこと」の学習を中心に行ってきている。

〈知識・技能〉
・ひらがなやカタカナの読み書きはできるが、促音や長音を正しく書くことが難しい。
・教師の簡単な質問に答えたり、2語文、3語文で話したりすることができる。

〈思考・判断・表現〉
・与えられた課題に対して、自分で考えて話したり書いたりすることができる。

〈主体的に学習に取り組む態度〉
・興味や関心のあることを題材にしたり、学習の見通しをもたせたりすると、3名とも意欲的に取り組むことができる。

2 単元で育てたい資質・能力

単元の目標
〈知識・技能〉
　○文章を順序どおりに正しく読むことができる。
〈思考・判断・表現〉
　○本や文章から大事な言葉に気づいて、書き抜くことができる。
〈主体的に学習に取り組む態度〉
　○本や文章を読もうという気持ちを高める。

学習活動 ←

単元の「見方・考え方」
・日常生活や社会生活に必要な国語の知識や技能を身につける。
・図書に親しみ、考えたり伝え合ったりする。

働きかけ
○題材選びの工夫
　①生徒の興味・関心が高く、イメージしやすい読み物を取りあげる。
　②生徒の実態に合わせて、簡単な言葉で書かれた文章にする。
○ワークシートの工夫
　自分で考えて文章から大事な言葉や文を書き抜くことができるように、毎時間同じ形式のワークシートを用いる。
○イメージをもたせるための工夫
　自動車の構造についてイメージをもたせるために、文章に登場する自動車のミニカーを実際に見たり触ったりする時間を設定する。

3 単元計画

題材名	時数	指導内容 各時間で学習する内容	単元をとおして指導する内容	評価の観点 知・技	思・判・表	主
「じどうしゃくらべ」を読もう	1	・自動車について知っていることを発表する。 ・段落ごとに1人ずつ本文を読む。	○文章を正しく読む。 ○大事な言葉や文を書き抜く。 ○長音・拗音・促音などの表記を正しく書く。 ○句読点を正しく使って書く。 ○友だちの意見や感想を聞く。 ○自分の意見や感想を伝える。	◎	○	○
バスや乗用車について読み取ろう	2	・音読のあと、赤い線（役割）、青い線（構造）を引く。 ・ワークシートに書く。 ・ミニカーや挿絵を参考に、構造を意識して絵を描く。		○	◎	○
トラックについて読み取ろう	3	・音読のあと、赤い線（役割）、青い線（構造）を引く。 ・ワークシートに書く。 ・ミニカーや挿絵を参考に、構造を意識して絵を描く。		○	◎	◎
クレーン車について読み取ろう	4	・クレーン車の動画を見て、その働きについて知る。 ・ミニカーを見て、気づいたことを話し合う。		◎	○	◎
クレーン車について読み取ろう	5	・ワークシートに書く。 ・ミニカーや挿絵を参考に、構造を意識して絵を描く。		◎	○	◎
はしご車について読み取ろう	6	・音読のあと、赤い線（役割）、青い線（構造）を引く。 ・ワークシートに書く。 ・ミニカーや挿絵を参考に、構造を意識して絵を描く。		○	○	◎

 単元における習得・活用・探求

Point 2　子どもの学習内容へのイメージを膨らませる

　第一次の活動では、自動車へのイメージを膨らませるために、挿絵を見て、どんな自動車があるか話し合う学習を行った。

　Aさんは、うれしそうな表情で「お母さんの車が青です」「郵便車です」と発表した。Bさんは、紺色の車を指さして「スバルです」と発表した。Bさんは、自分から発言することが少ない生徒だが、自動車好きということもあり、わずかな手がかりから、自分の気づきを発表することができた。Cさんは、「郵便車、清掃車です」と発表した。3人の発言を板書して比べ、「みんなの気づきは同じですか？　違いますか？」と質問したところ、3人とも「違います」と答えることができた。

Point 3　子どもが授業の見通しがもてるよう学習活動の順番を一定にする

　第二次の活動は、次の流れで行った。
① 文を読む
② 自動車の役割に関する箇所に赤線を、構造に関する箇所に青線を引く
③ まとめや絵をワークシートに記入する

　活動の流れを一定にして、学習の順番を提示したことで、生徒たちは見通しがもてるようになった。

　第三次の活動から、Cさんは、文を読んだあとに自分から線を引く準備をするようになった。これまでの学習では、授業中に何か気になることがあると、気持ちを切り替えることが難しいことがあったが、この単元では意欲的に取り組むことができた。

Point 4　子どもの「気づき」を促すために着眼点をしぼる声かけをする

　第四、五次の活動では、クレーン車について学習した。クレーン車の「足」という言葉を取りあげ、「クレーン車の足はどこだと思いますか？」と問いかけると、生徒たちは、挿絵を見てじっくり考え、それぞれ違う箇所を「ここです」と指し示した。

　まとめの学習として、学習した自動車の絵をワークシートに描く学習を行った。Cさんは、「乗用車とバス」で学習した「大きなまどがたくさんあります」という1文を覚えていて、バスの窓を大きく描いたり、「はしご車」で学習したはしご車の先端についているバスケットの特徴を捉えて描いたりすることができた。

C 振り返り

Point 5 単元計画で用いたシートをもとに振り返り、授業改善を検討する

　毎時間、授業記録をとり、「単元構想シート」を見直すことで、次の授業に向けての改善点を明らかにした。

授業改善1

　第三次の活動までは、教材として写真や挿絵を使っていたが、それだけではクレーン車の働きがイメージしにくいと考え、クレーンが伸びる様子などを動画で見せた。

　そして、いろいろなクレーン車のミニカーを触って、自分でクレーンの動きを確かめさせるようにした。生徒たちは、真剣な表情でクレーン車のミニカーをいろいろな角度から眺めたり、クレーンを伸ばしたり、走らせたりした〈写真1〉。

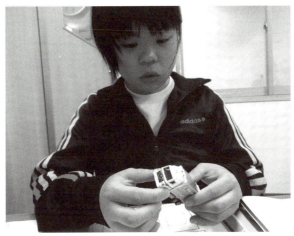
〈写真1〉ミニカーを観察する

授業改善2

　文の大事な箇所に線を引くように促したところ、それまでほとんど経験してこなかった活動だったようで、生徒たちは定規を使って線を引くことにとても苦労していた。

　そこで、定規の押さえ方や線の引き方についても毎時間学習に取り入れるようにした〈写真2〉。

〈写真2〉文の大事な箇所に線を引く

授業改善3

　国語の授業でワークシートに記入するという活動も、生徒たちにとってはそれまであまり経験のないことだった。そのため、ワークシートの記入欄をマス目入りにし、何文字書けばよいかわかりやすくした。

最初に作成したシートは、記入する文字数が多かったため、生徒が全部記入するのに時間がかかった。そこで、第四次の活動からは、ワークシートの形式を変更して、大事な言葉だけを抜き出して書かせるようにすると、生徒たちは、文とワークシートをよく見比べながら、記入することができた〈写真3〉。

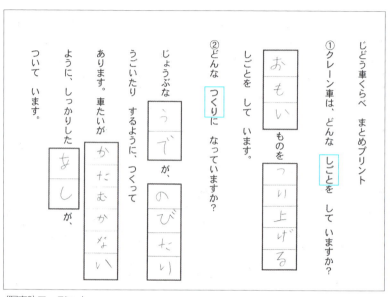

〈写真3〉ワークシート

授業改善4

　Aさんは、初めて読む文は続けて読むことが難しく、行を飛ばして読むことがあった。そのため、最初は教師が文を指でなぞって読ませるようにすると、読む箇所を少し意識できるようになった。

　第二次の活動からは、Aさん専用の下敷きを用意し、読む箇所に下敷きを当てて読ませるようにした。すると、読む意欲が高まり、読みの正確さが少しずつ増すようになった。

A 次時へ向けて

Point 6 子どもの単元における「気づき」を整理する

◎主体的な学び

　今回の学習グループの生徒は自動車への興味・関心が高かったので、イメージしやすい文章を取りあげた。これまであまり学習経験のなかった事柄の順序を考えながら内容のだいたいを読むことについては、文を読んで、大事な箇所に線を引くことへの見通しがもてるようになり、自分から鉛筆を持ってなぞろうとしたり、ワークシートに記入したりする姿が見られた。

　単元の中では、学習して自分で気づいたことを発表する機会をできるだけ設定するようにした。生徒の中には自分の考えを発表することにあまり慣れていない生徒もいたが、毎時間、ミニカーを見ながら考えさせるようにしたことで、ミニカーを使って、自動車の構造を真剣に見るようになり、自分なりの気づきを発表することにつながった。

◎対話的な学び

　トラックについて学習したときは、本文の中の「にだい」という言葉に着目して、生徒たちに「にだいはどこですか」と問いかけると、3人とも、違うところに印をつけた。そこで、3人の考えを比べ合い、トラックの写真やミニカーで「にだい」を確認した。意見を発表するときは、友だちがどのような気づきを発表するのか、よく注目していた。

　このように、意見を発表し合って学び合う学習をすることで、より対話的な学習に発展させることができた。

◎深い学び

　学習を重ねるにつれ、生徒が次の授業を楽しみにする様子が見られるようになった。先のページまでめくり、「次は、クレーン車だ」とか「次は、消防車だ」と話したり、「清掃車がしたいです」と言ったりするなど、次の課題に対する期待感をもつことができた。

　グループの生徒3名は、学習した自動車について、「役割」と「構造」について学んだことで、今までもっていた知識に新たな知識が加わったと思われる。学習した自動車の絵を描くときは、生徒一人ひとりが学んだことを生かして、自分なりにつかんだ特徴を描くことができた。

　このように文章を順序どおりに読む力や文の中の大事な箇所を読み取る力は、ほかの学習場面でも必要な力だと考える。本単元で自信をつけ、身の周りのさまざまなことを理解し、解決する力につなげてほしい。

| P | ④の①☐ ◯の Point☐ ◯の Point☐ ◯の Point☐ | D | ④の②☐ ④の③☐ ④の④☐ ◯の Point☐ |

学部：中学部　　教科：国語
単元・題材：じどうしゃくらべ

○子どもたちにその単元で何を育てることが目標？（評価できるよう具体的に）
・文章を順序どおりに正しく読むことができる。
・本や文章から大事な言葉に気づいて、書き抜くことができる。
・本や文章を読もうという気持ちを高める。

○どのような指導内容？
・挿絵を見てどんな自動車があるか話し合う。
・「じどうしゃくらべ」を読んで、自動車の役割、構造のそれぞれに関する文に線を引き、まとめる。
・クレーン車について学習する。

○主体的・対話的で深い学びの実現を目指して、どんな指導の手立てを使う？
・生徒が自ら文に線を引くことで、自動車の特徴についてまとめやすくした。
・ミニカーや車の写真を用意した。
・各生徒が自ら気づいた車の特徴を発表してもらうほか、自分の気づきとほかの生徒の気づきの違いにも注目するよう言葉かけした。

| C | ④の⑤☐ ◯の Point☐ ◯の Point☐ ◯の Point☐ | A | ④の⑥☐ ◯の Point☐ ◯の Point☐ ◯の Point☐ |

○学習評価の結果は？（目標に基づく）
・自動車について自分が気づいたことを発表することができた。
・学習した自動車の特徴を捉えて、ワークシートに自動車の絵を描くことができた。
・クレーン車の動きがイメージしにくい様子だった。
・文に線を引くこと、ワークシートに記入すること自体が難しい様子もあった。
・行の飛ばし読みをすることがあった。

○評価結果から単元後半の授業改善は？
・クレーン車の動画を使う。
・定規の押さえ方、線の引き方に関して学習する。
・ワークシートにマス目を追加する。
・文のなぞり、下敷きの使用により、読む文章への注目を促す。

主・対・深 5 自己評価と相互評価の場面を設定する

お互いを評価し、認め合いながら、活動への自信を育もう！

実践概要 劇の台本を読み合う活動の中で自己評価、相互評価、指導者評価を繰り返したことで、表現することへの苦手意識をやわらげ、課題に向けて工夫する態度を育んだ。

実践報告 伊藤佳子（東京都立南大沢学園）｜高等部｜国語科

解説

【主体的な学び】生徒が興味・関心をもって学習できるよう、生徒の実態をもとにいくつかの条件を設定して文芸の題材が選定された。

【対話的な学び】本単元の前に「上手な話し合い」について学習し、学んだ話し合いの手順がワークシートで「見える化」された。さらに、役割読みに関して自己評価だけでなく、相互評価の機会を設定していた。

【深い学び】本単元をとおして役割読みについて学び、さらに自己評価と相互評価を併せて行うことで、生徒が自他の役割読みに関するよいところに気づき、伝え合うことができた。

【ツール】生徒の学習状況と興味・関心に基づいた題材を設定した。

P 教育ニーズの把握・単元設定

　本校は、知的障害の状態が軽度の生徒を対象とした就業技術科の特別支援学校である。高等部の授業は、各学級10名の生徒で実施している。総じて学習に対して積極的に取り組めるが、読解や自分の考えをはっきり伝えること、相手に聞こえる声で音読することを課題としている生徒も多い。自信や自己肯定感のなさから、表現することに苦手意識がある生徒もいる。読書に関しては、場面を想像することが苦手な生徒も少なくないが、ライトノベルや小説などに親しんでいる生徒は多い。

　本校の国語科では、卒業後の生活でさまざまな人と関わるうえで必要となる、読む、書く、話す、聞く力をつけたいと考えている。また、将来も学び続けたいと考えることができるように、生徒が学びの楽しさを感じられる授業を目指している。

　本単元は、平成21年告示の特別支援学校高等部学習指導要領の国語2段階の内容「自分の立場や意図をはっきりさせながら、相手や目的、場に応じて適切に話す」「目的や意図などに応じて文章の概要や要点などを適切に読み取る」に重点を置き、また、卒業後の余暇活動や生涯学習につながる学びとなるよう設定した。

Point 1　子どもの学習状況と興味・関心に基づき題材を設定する

【題材（教材）設定】
　生徒の実態から、文芸の題材として、次のようなものが適していると考えた。
・場面設定がわかりやすく、登場人物の会話が比較的短いもの。
・2人の会話の場面が多いもの。
・日ごろから一緒に学習に取り組むことの多い5人で役割分担でき、やりとりしやすいもの。
　そこで、役割ごとに読み手を変えることで、登場人物の心情を思い浮かべやすくなると考え、登場人物同士がやりとりする場面が多く設定された劇脚本を用いた。

【題材の目標設定】
① 声に出して読むことで作品により関心をもち、内容を理解しようとする。
② 理解した内容から登場人物の心情を整理し、台本音読で表現する。
③ 友だちと劇台本を読み合い作品を作るに当たり、聞き手に情景が伝わる表情豊かな作品発表となるよう、課題解決に向けた意見交換をすることができる。

単元における習得・活用・探求

Point 2 話し合いの手順と目的を明確に示す

グループでの円滑な話し合い活動に向け、本単元の前に、「上手な話し合い」という学習を行った。そして、生徒たち自身でグループを編成し、指導者が入らずに、提示されたテーマについて話し合い、以下のように自己の考えを明らかにする手順を伝えた。

① 二者択一課題に対して、生徒は各自で自己の考えを表す(どちらがよいかと、その理由をワークシートに記入する)。
② 上記①で表わした自己の考えを、友だちと順に発表し合う。
③ 友だちの発表を最後まで聞く。
④ 上記③で聞いた友だちの考えなどから、自己の考えに取り入れたいものをあげ、発表する。

Point 3 話し合いの手順をワークシートで「見える化」する

先に発言した生徒の意見がとおることのないよう、ワークシートの記入内容を個々の意見として発表し合うこととした〈表1〉。聞き合うことをとおし、友だちの考えを受け入れる活動を積み重ねられるようにした。

生徒は、この単元の学習をとおして、ルールに従って全員が意見交換をするという話し合いの手順を理解することができた。また、単元を進めるにつれ、進行担当のリーダーが決まり、テーマに沿って互いの意見を聞き、受け入れられるようになってきた。

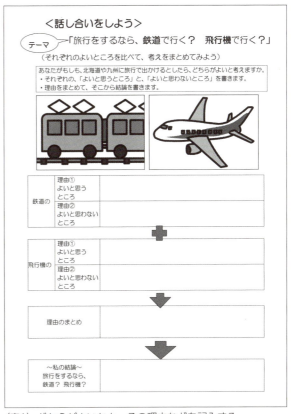

〈表1〉どちらがよいかと、その理由などを記入する

Point 4 子どもの自己評価に対して教師からフィードバックを行う

第1〜2時

授業展開
全体で作品を読み上げ、ワークシートで場面や登場人物の心情の変化を整理した。その後、友だち同士で発表し合い、考えを共有しながら、あらすじの理解を深めた。

自己評価
作品内容の理解について振り返りと評価を行った。

指導者評価
評価の観点は、学習に臨む態度で評価した。具体的には、「新しいこともやってみようとする」積極性の態度、「話や指示を聞き、やり方を身につけようとする」自律性の態度とした。

また、教師は生徒の自己評価に対し、なぜそのように考えたかを問いかけ、そこから表される生徒の考えに、次時につながるような肯定的評価をした。

Point 5 子どもが自分のよかったところに気づくことを促す

第3時

授業展開
グループの生徒同士で配役を決め、役割読みを行った〈写真1〉。

自己評価
自己の音読について、提示するポイントに従い行った。その後、自己評価に対する指導者評価を得て、次時の目標を考えた。

指導者評価
「自ら進んで取り組もうとする」積極性の態度で評価した。また、生徒の主体性を育むことを目指すために、自己評価を受けた教師は、そのために「どうしたらよいか」と問いかけた。

その際、自己を実際よりも低く評価する生徒には、発言することや相手の意見を受け入れることなど、相手に向き合い、活動に取り組んでいる姿勢を評価し、自己評価の再考を促すよう働きかけた。

〈写真1〉配役決めの様子

C 振り返り

Point 6 子どもの自己評価と相互評価から、子どもの変化を読み取る

第4時

授業展開

自己の目標を設定し、グループで役割読みを行った。実施後、自己評価とグループ内評価を行った。

指導の変更・改善点

当初、評価はよい点と改善点をあげるよう計画していた。しかし、前時に自己評価の低い生徒が多かったため、互いのよいところを意見交換した〈表2〉。

自己評価

自己の目標について評価した。前時の指導者評価を受け、読み方以外に、学習姿勢を振り返り、評価する生徒が増えた。

相互評価

友だちのよいところを具体的にあげようと丁寧に聞くようになったことで、相互評価の言葉にも多様性が見られるようになった。自己と友だちとの聞き方、感じ方の違いにも気づきが見られた。

聞き手を引きつける読み方について評価した生徒がいたことから、声の大きさや抑揚の工夫などについても意見が交わされた。

指導者評価

評価し合うことから見られた生徒の変化を、「自らやってみようとする」積極性の態度、「課題を要求された水準で達成しようとする」責任性の態度で評価した。相互評価から広がった生徒の考えも評価した。

聞き手に場面、情景が伝わる発表を目指して、「自分のよいところ」「友だちのよいところ」を評価しよう。

基本
① 姿勢を正して、読む。
② 周りの人に聞こえる声で、読む。
③ 「正しく・はっきり・すらすら」を意識して、読む。

発展
④ 場面の雰囲気、登場人物の性格や心情を表現する(静かな声・やさしい声・心配そうな声・元気になった声など)。
⑤ ほかの役を担当する友だちのセリフとの「間」を、意識して読む(静かな喫茶店で話している・おどろいて質問する・話を聞き感動するなど)。

もっとよくなるために

●自己評価
「ここを頑張った!」「意識した!」「もう少し変えてみるとよいと思った」というところ、反省点などを評価する。

●相互評価
友だちの音読を聞き、「参考になった」「感動した」「すごいと思った」「もっとよくなるために変えてみるとよい」ところに対して、考えを伝える。

〈表2〉評価ノート

Point 7 子どもの自己評価・相互評価を踏まえて授業改善を検討する

第5時

授業展開

各グループの役割読みを行い、タブレット端末を用いて読みの様子を撮影した。撮影は、相互グループで生徒が行った〈写真2〉。

指導の変更・改善点

前時の生徒の相互評価を経て、当初は個別課題と考えていた声の抑揚と表情の工夫を意識することを全体に提示した。役割読みの様子を撮影することにした。

自己評価

前時の友だちからの評価を受け、工夫して取り組んだことを発表した。多くの生徒は、前時の相互評価を肯定的に受け止めていた。撮影により、表現を工夫し意欲的に取り組んだという意見が多かった。

指導者評価

前時の積極性、「工夫して課題に取り組もうとする」柔軟性の態度、また、撮影に当たっての役割分担への積極性も評価した。

〈写真2〉役割読みの発表の様子（生徒がタブレット端末で撮影した動画より）

第6時

授業展開

前時の撮影を鑑賞し、ワークシートを用いて単元のまとめを行った（鑑賞の感想、作品内容・登場人物の振り返り、取り組み内容の目標達成）。

指導の変更点

これまでに活発な意見交換ができ、また相互評価が自己評価によい影響をもたらしたことから、まとめは個別に行い、自己を見つめる時間を多く設定した。

自己評価

まとめでは、作品の内容について、自分が共感した登場人物と、その理由を記入する生徒が多かった。

自分が映った動画の視聴が苦手な生徒もいたが、客観的に見る、聞くことができ、目標をより的確に振り返ることができた。

相互評価

撮影動画の鑑賞をとおして、相手のよいところをあげることができた。

指導者評価

本単元への取り組みについて、「課題が達成できるように工夫しようとする」柔軟性の態度の観点で、全体への評価を行った。また、今後の生活においても、読むこと、表現することをしてみたいかと問いかけた。「取り組みを楽しいと感じたか、今後の生活につながる学びと感じたか」についての回答は、指導者にとっての評価でもあった。

A 次時へ向けて

Point 8 教師自身が単元の自己評価をして次の学習につなげる

本単元では、目標設定における指導者から生徒への問いかけや、評価における働きかけを多くした。それにより生徒自らの新たな気づきが生まれた。学習するにつれ、積極的に取り組む態度や、話し合いの中で相互の意見を尊重する態度も見られるようになった。また、やりとりや学び合いの中から、自己のよさを認められ、そこから学習に対する意欲や、学ぶ楽しさを得た生徒もいた。関わり合い、やりとりをする中で、学びが深まったと考えられる。

一方で、コミュニケーションに苦手意識があり、意見を出しづらい生徒が、より進んで話し合い活動に取り組むための手立てを考えることが、課題である。生徒が学ぶことの楽しさを体感し、学び続けようとするために、話し合い活動や対話的な学びを方法とする学習をどのような単元、段階で行うかについても、学校全体で考えていきたい。

学部：高等部　　教科：国語
単元・題材：登場人物同士がやりとりする場面が多く設定された劇台本

○子どもたちにその単元で何を育てることが目標？（評価できるよう具体的に）
・声に出して読むことで、作品により関心をもち、内容を理解しようとする。
・理解した内容から登場人物の心情を整理し、台本音読で表現する。
・友だちと劇台本を読み合う活動において、聞き手に情景が伝わる表情豊かな作品発表となるよう、課題解決に向けた意見交換をすることができる。

○どのような指導内容？
・場面や登場人物の心情の変化について、生徒一人ひとりがワークシートにまとめて発表した。
・役割読みを行い、自己評価をした。

○主体的・対話的で深い学びの実現を目指して、どんな指導の手立てを使う？
・事前に話し合いのやり方を学び、話し合いの手順をワークシートに示した。
・場面設定がわかりやすい、登場人物の会話が比較的短いなど、生徒の実態に合った題材を選んだ。
・生徒の自己評価に対して、なぜそのように考えたかを問いかけ、そこから表れた生徒の考えに対して、次につながるような肯定的評価をした。また、改善のために「どうしたらよいか」を問いかけた。
・自己を実際よりも低く評価する生徒には、相手に向き合い、活動に取り組んでいる姿勢を評価し、自己評価の再考を促した。

○学習評価の結果は？（目標に基づく）
・実際よりも低く自己評価する生徒が多かった。そのため、自分のよいところに気づくことができるように促す必要がある。

○評価結果から単元後半の授業改善は？
・生徒がお互いのよいところについて意見交換できるよう、グループ内で相互評価を行う。

⑥ 明確な目標を共有する

多角的で明確な目標・評価を設定し、技術獲得にとどまらない学びを促そう！

実践概要 「アビリンピック」出場に向けた練習において、生徒一人ひとりが自分の役割を果たし、感謝される経験を重ね、自信をもつことができるようになった。

実践報告 柴田涼子（愛知県立豊川特別支援学校） │ 高等部 │ 作業学習

　【主体的な学び】校内清掃検定の実施や、アビリンピック出場に向けた練習を行うことで、生徒が目標をもって活動に取り組み、清掃や自他の役割理解、チームワークについて意欲的に学ぶことができた。
　【対話的な学び】役割分担表を作り自他の役割を明確化することにより、生徒はお互いに声をかけ合って練習し、そのことを話し合いで振り返ることができた。
　【深い学び】こうした活動をとおして、生徒は清掃に関する技能やチームワークを学習し、さらに自らを肯定的に捉えるような評価が増えた。
　【ツール】生徒が次に何をすればよいのかを自分で確かめられるように、「役割分担表」を作成した。

P 教育ニーズの把握・単元設定

　本校の「高等部総合Aコース」は、1年次のアセスメント結果を踏まえて決定した生徒で構成されており、その全員が清掃・サービス班に所属し、一般就労を目指している。本実践の対象とした生徒（3年生8名、2年生8名）の多くは作業態度が真面目で、指示理解力、作業遂行力が高く、素直な性格であるが、一方で、実体験や成功経験の少なさから、自信がなく、主体性に欠け、卒業後の生活に見通しがもてずに不安を抱えている生徒も多かった。

Point 1　成長やスキルアップを目に見える形で示す

　ビルメンテナンス協会のビルクリーニング作業や各都道府県で実施されている特別支援学校向けの「清掃技術検定」を手本に、本校の生徒の実態に合わせた校内清掃検定を1、2か月ごとに実施した。生徒の技術を段階表を用いて得点化し、課題を明確にすることで、清掃技術が向上した。また、検定の得点でキャリアアップできる組織編成をしたことで、上を目指そうとする生徒の意欲向上につながった。

Point 2　今までの学びを生かすことのできる目標を立て、チームで取り組む

　校内清掃検定のステップアップとして、愛知県障害者技能競技大会（以下、アビリンピック）のビルクリーニング競技に挑戦することとした。ビルクリーニング競技には、課題が2つあり、どちらも、4メートル四方の部屋の清掃を想定して清掃技術やマナーを競う。
・課題A：カーペット清掃（掃除機を用いて清掃を行う）
・課題B：弾性床・机上清掃（乾式・湿式モップ、机上の水・から拭きを行う）
　アビリンピックは参加人数に上限があるため、校内選考会をし、選手2名を選抜した。選考で落選した生徒も選手と同等の経験をして、主体的に練習に参加し、次の力を身につけてほしいと考え、3年生8名で2チームを結成して大会に向けて練習をした。

【知識・技能】
　課題練習をとおして、どの生徒も、清掃技術や働くうえで必要なマナーを確実に身につけることができる。

【思考・判断・表現】
　自分の役割を理解し、選手の技術向上のために、工夫することができる。

【主体的に学習に取り組む態度】
　チームワークをとおして仲間の役割を認め、自分の役割に自信と責任をもつことができる。

単元における習得・活用・探求

Point 3 話し合いや振り返りをしやすいように活動は同じ流れで繰り返す

　毎週水曜日の2〜4限の校内作業学習で3週間続けて練習を実施した（130分間）。チームの話し合いや各自の反省を次につなげるため、同じ内容で繰り返し行った。

① あいさつ
② 本時の内容、目標などの確認
③ 係ごとの課題練習準備
④ 課題A練習（教師の師範・練習・話し合い）
⑤ 課題B練習（教師の師範・練習・話し合い）
⑥ 片づけ
⑦ 反省会・本時のまとめ
⑧ あいさつ

〈写真〉練習の様子

Point 4 チーム活動での各自の役割を明確にする

手立て❶ 課題練習の観点の提示
　本時の確認は、教師が課題の手順や観点、注意点、マナーなどを全員に向けて質問し、練習の観点を意識できるようにした。

手立て❷ 役割の明確化
　チームの役割を1人ずつ決めた。
・選手：競技練習を行う。
・マネージャー：タブレット端末で、選手の課題練習の様子を動画撮影する。
・アドバイザー：チェック項目に沿って選手の動きの正否を確認する。
・タイムキーパー：チェック項目に沿って経過時間を測定する。

手立て❸ 話し合いの場の設定
　各課題練習後に、選手のよい点や、課題について話し合う場面を設定した。チームで集まり、撮影した動画を見て、各係がチェック項目や時間を報告した。

手立て❹ 振り返り時間の設定
　授業の最後に、自分の係について振り返る時間を設定し、自分の役割についてよい点や改善点を考えるようにした。

振り返り

Point 5　子どもがすべきことを表にまとめ、目で見て確認できるようにする

　1回目の練習では、大まかな役割分担のみで取り組んだところ、各場面での自分の動き方をイメージできず、教師の指示のままに動く生徒もいた。そこで、係の仕事を明確化した役割分担表を提示し、仕事内容を各自で表を見て確認できるよう工夫した〈表〉。

	準備	課題練習中	話し合い	片づけ
選手	道具・会場の準備 ・それぞれの練習課題の道具の準備をする。 ・会場設営をする。 ・シュレッダーくずやおがくずをまく。	課題に取り組む ・困ったら、手順表の確認や質問をしてもよい。 相手の練習のときはしっかり見る	動画のチェック ・動画を見て、自分の動きを確認する。 自分の課題の確認 ・グループの仲間のアドバイスを聞き、メモをとる。 ・次の課題を考える。	道具・会場の片づけ ・清掃器具庫へ掃除機を運ぶ。 ・モップ、タオルを洗う。
マネージャー	タブレット端末の準備 ・電源が入るか確認をする。 撮影位置の確認 ・どこから撮影するか実際にその位置に立って決める。 手順表を黒板に貼る ・選手が必要なら貼る。	タブレット端末で選手の動きを撮影する ・選手全体が入るように、移動して撮影をする。 ・質問や相談があるときには静かに手をあげる。	動画を見て、アドバイスをする 「○○がとてもよくなったよ」 「○○するともっとよくなるよ」	タブレット端末の片づけ ・先生に返す。 手順表の片づけ ・黒板から手順表を外して丸める。 道具・会場の片づけ ・選手の手伝いをする。
アドバイザー	チェック表の準備 ・クリップボードにチェック表を挟む。 ・鉛筆を準備する。 ・記録位置に椅子を運ぶ。	選手の動きをチェックする ・チェック表に◎、○、△をつける。 ・質問や相談があるときには静かに手をあげる。	チェック表を見て、アドバイスをする 「○○ができるようになったよ。上手だったよ」 「○○ができるようになるともっとよくなるよ」	チェック表の片づけ ・チェック表は先生へ渡す。 机・椅子の位置の復元 ・机と椅子を元の位置へ戻す。
タイムキーパー	記録表の準備 ・クリップボードに記録表を挟む。 ・鉛筆を準備する。 ・記録位置に椅子を運ぶ。 ストップウォッチの用意 ・動くか確認する。	選手の時間を記録する ・記録表に時間を記入する。 ・質問や相談があるときには静かに手をあげる。	記録表を見て、アドバイスをする 「○○の部分が早くなったよ」 「○○に時間がかかったので、手順を覚えてスムーズにできるといいよ」	記録表の片づけ ・記録表は教師に渡す。 机・椅子の位置の復元 ・机と椅子を元の位置へ戻す。

〈表〉役割分担表

　その結果、生徒たちは指示を待つのではなく、自分で役割を確認して動けるようになった。また、仲間への言葉のかけ方を、肯定的な表現で具体的に提示したことで、話し合いの場面では、「気づいたことをしっかり言えたのでよかった」「みんなそれぞれのポジションで選手をサポートし、清掃が終わるタイムが上がってうれしかった」といった自分の思いが伝わる経験をし、自己評価が高まる記述が増えた。

A 次時へ向けて

Point 6 各評価の観点から子どもの学びを検証する

【知識・技能】

　65ページの支援の手立て❶により、どの生徒も清掃技術やマナーを、また、手立て❷とチェック項目により、おおまなか手順を覚えることができた。

　アビリンピック終了後、授業で生徒全員が課題に挑戦したが、主なポイントを押さえていた。

【思考・判断・表現】

　支援の手立て❸と手立て❹により、それぞれ自主的に工夫をする様子が見られるようになった。

【主体的に学習に取り組む態度】

　自分の役割を果たし、周囲に感謝されることで、自己肯定的な記述が増えた。

　アビリンピックでは、出場した選手2名は金賞と銅賞を受賞した。選手と共にどの生徒も自分のことのように喜ぶ姿が見られた。努力が実を結ぶという貴重な経験が、さらに生徒の自信につながり、役割を果たすすばらしさを知ることができた。

Point 7 反復学習とその振り返りから、子どもの学びを深める

　アビリンピックへの取り組みにおいて、役割を明確にし、話し合い、振り返りをする場面を繰り返したことが生徒の深い学びにつながった。これはアビリンピックのみではなく、作業学習全般において、実践的な場面の設定、対話的な活動、目標設定と評価を繰り返してきた成果だと考える。

　知的障害のある児童・生徒にとって、表面的で断片的な学びにならないためには、反復学習が必要である。そのため、清掃技術やマナーを定着させ、生かしていけるように、校内で実施する清掃検定や、清掃作業の際にも、学習した清掃方法を取り入れた。

　今後も、目指す姿に向けて、「何を」「どのように学ぶか」を意識するとともに、学習したことを積み重ねていけるように、日々の授業研究、評価、改善を繰り返していきたい。

第2章　実践編 | 67

| P | ⑥の①☐ ⑥の②☐ ◯の☐ ◯の☐ | D | ⑥の③☐ ⑥の④☐ ◯の☐ ◯の☐ |

学部：高等部　　**教科**：作業学習
単元・題材：アビリンピックに向けた学習

○子どもたちにその単元で何を育てることが目標？（評価できるよう具体的に）
・課題練習をとおして、どの生徒も清掃技術や働くうえで必要なマナーを確実に身につけることができる。
・自分の役割を理解し、選手の技術向上のために、工夫することができる。
・チームワークをとおして仲間の役割を認め、自分の役割に自信と責任をもつことができる。

○どのような指導内容？
・教師の師範、練習、チームでの話し合いの手順で、各チームで課題の練習をした。
○主体的・対話的で深い学びの実現を目指して、どんな指導の手立てを使う？
・生徒がチームに分かれて課題練習できるよう設定した。
・マネージャー役の生徒が選手の課題練習の様子をタブレット端末で動画撮影した。
・授業最後の振り返りの時間をとおして、生徒が自分の役割についてのよかった点や改善点について気づくことができるよう促した。

| C | ⑥の⑤☐ ◯の☐ ◯の☐ ◯の☐ | A | ⑥の⑥☐ ⑥の⑦☐ ◯の☐ ◯の☐ |

○学習評価の結果は？（目標に基づく）
・課題練習で教師の指示のままに動く生徒が見られた。自分の係の仕事を明確化して、何をすればよいのかイメージできるようにする必要がある。
○評価結果から単元後半の授業改善は？
・各係の仕事を明確化した役割分担表を掲示するようにした。

7 理想の将来像から目標を設定する

主・対・深

身につけたい力を整理し、必要な支援・指導を明確にしよう！

実践概要 秋祭りで屋台を開く活動において、子ども一人ひとりが自分の役割を果たす経験を味わい、単元終了後は日常生活でも積極的に活動することができるようになった。

実践報告 岸本信忠（岡山県立岡山東支援学校） | 中学部 | 生活単元学習

解説

【主体的な学び】単元目標を3観点で設定し、生徒の将来像を目標や評価規準と結びつけて検討している。それに基づき、生徒にとってなじみのある秋祭りと屋台（すくい屋）を取りあげ、生徒たちがすくい屋について十分にイメージできるよう授業で扱ったうえで単元を進め、生徒が屋台やそこでの自分たちの役割をイメージできるようにしている。

【対話的な学び】すくい屋の中でお客さんと必要になるコミュニケーションについてあらかじめ学んだり、お客さんの感想を事後に共有したりしている。

【深い学び】こうした活動や動画を用いた振り返りなどをとおして、生徒は相手に喜んでもらう活動で求められるコミュニケーションや役割などについて考えることができるようになった。

P 教育ニーズの把握・単元設定

　本校の知的障害部門中学部において行った実践である。本実践の対象グループは、中学部2年生男子3名、女子1名で構成され、3名は自閉症スペクトラムを併せもっていた。

実態1　集団の中で役割をもって生活する様子

　学級の係活動などに進んで取り組み、できたことを自ら確認する様子が半数の生徒に見られた。一方で、自分が活動していることに対して自信がない生徒や、一度失敗するとあきらめてその活動に対して消極的になってしまう生徒、役割を担う中で周囲の状況に応じて適切な言動で教師や友だちに発信することが難しい生徒も多かった。

実態2　課題意識

　具体物などを見ることで何をすればよいか自分で判断し、取り組むことができる生徒が多かった。「〜することで○○さんが喜ぶから、やってみよう」など、周囲との関係性を読み取って、自ら目的意識や課題意識をもつことができる生徒が半数いた。

実態3　解決活動能力

　大半の生徒は、見本や師範を見て解決しようとすることができた。半数の生徒は、活動したあとの様子や取り組んでいる様子の映像などを見ることで、自分のよい点や改善点に気づくことができた。半数の生徒は過去の経験を想起させるような言葉かけがあると解決することができたが、自分がもつ知識・技能をもとに試行錯誤を繰り返しながら解決できる生徒は限られていた。

Point 1　前単元で示された子どもの興味・関心を学習に取り入れる

　前単元では、高等部の製菓班の生徒がクッキーの製作に取り組む姿を見学した。何人かの生徒から「自分たちも同じように仕事をやってみたい」「面白そう」との感想があったため、さつまいもクッキーの製作と、プレゼントや販売の活動に取り組んだ。

　製作時の様子を写真で見ることで、「自分は〜ができた」と達成感を感じ、プレゼントした教師や友だちから「とてもおいしかった」「ありがとう」などの感想をもらえたことで「うれしい」「もっとやってみたい」と意欲が高まった。

Point 2　子どもにとって身近な活動を題材にする

　本単元では、「秋祭り」を題材に屋台を開く活動を設定した。生徒たちの中には地域で開催されている「秋祭り」に参加した経験があり、自分が活動を楽しむだけでなく、人を喜ばせたい、屋台を開いてみたいと考えている生徒も少なくなかった。

　また、以前、「なかよしゲームをしよう」という単元で、生徒たちが、水槽に浮かんだ玩具をお

たますくうゲームを行っていたため、「すくい屋」の屋台を開くこととした。

屋台を開く活動は、「屋台をつくる」「お客さんを案内する」「楽しい活動を提供する」など、多様な役割や、仲間と協力する場面を設定しやすい。生徒が主体的に学べる要素があり、今までの学習を土台にして、相手を意識して自らの役割を果たそうとしたり、協力して取り組もうとしたりする気持ちを育てられると考えた。

Point 3　3つの柱を軸として単元目標とその評価規準を設定する

単元目標を設定する際には、資質・能力の3つの柱で多面的に捉え、すべてが内在していることを確認した。

【単元目標】
　屋台の役割を自分たちで担い、お客さんに喜んでもらう体験を重ねる過程をとおして、役割を自ら果たしたり、友だちと協力することの大切さに気づいたりすることができる。

単元目標を達成し、資質・能力をバランスよく育むために、評価規準を資質・能力の3つの柱に基づいて次のように整理した〈表1〉。

知識・技能	思考・判断・表現	主体的に学習に取り組む態度
自分の役割を理解して正しく行動したり、自分たちの屋台でお客さんが喜んでいることに気づいて自ら役割を果たしたりすることができる。	「こうすればお客さんがすくいやすいのではないか」と自分で考えたり、周囲の状況に合わせて「今はこんなふうに伝えてみよう」と判断したりしながら、自分の役割に取り組むことができる。	「こうしたらお客さんが楽しめそうだ」「次はこうしてみよう」など、自分から活動に取り組み、友だちと共に最後まで取り組むことができる。

〈表1〉育成を目指す資質・能力の3つの柱に基づき整理した評価規準

そして、個別の生徒に焦点を当て、目指す姿をより具体的にしていった。2年生のAさんを対象に「18歳の春」を想定して将来像を描いた〈図1〉。

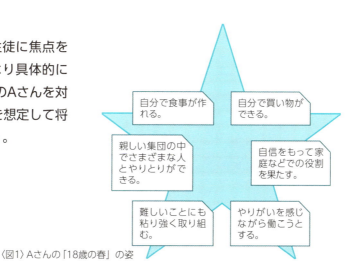

〈図1〉Aさんの「18歳の春」の姿

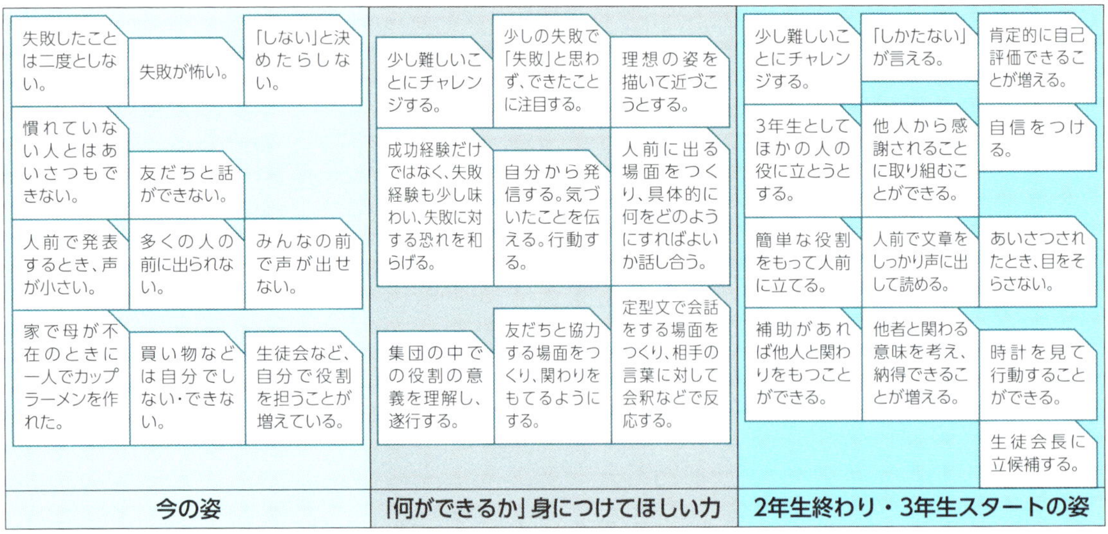

〈図2〉Aさんの将来像および生活像を描く

次に、「18歳の春」の姿に向けて、①今の姿、②「何ができるか」身につけてほしい力、③2年生終わり・3年生スタートの姿を付せんに記入し、整理した〈図2〉。

さらに、半期で身につけてほしい資質・能力を3つの柱の視点で整理し、Aさんの単元目標や評価規準を設定する際には、「何ができるか」と照らし合わせて考えた〈図3〉。

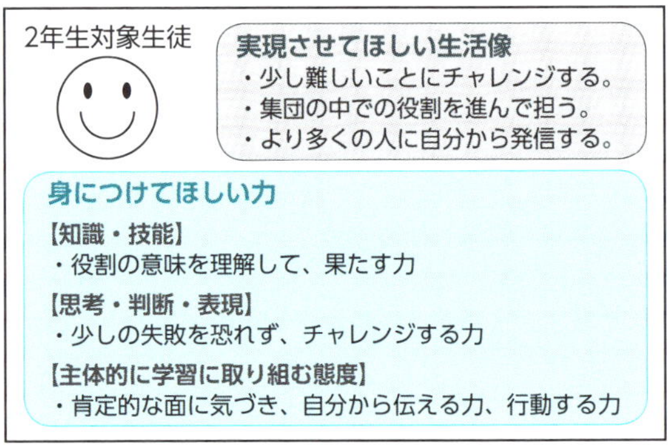

2年生対象生徒

実現させてほしい生活像
・少し難しいことにチャレンジする。
・集団の中での役割を進んで担う。
・より多くの人に自分から発信する。

身につけてほしい力
【知識・技能】
・役割の意味を理解して、果たす力
【思考・判断・表現】
・少しの失敗を恐れず、チャレンジする力
【主体的に学習に取り組む態度】
・肯定的な面に気づき、自分から伝える力、行動する力

〈図3〉Aさんの育成を目指す資質・能力を整理

Point 4 3つの柱をもとに単元を計画する

単元全体をとおして、生徒自らが見通しをもち、どのように目標を達成し、資質・能力を身につけていくかを検討するために、学習活動の流れに沿って評価の観点を対応させて整理した〈表2〉。

次	時	主な学習活動	評価の観点		
			知・技	思・判・表	主
1	1・2	祭りの屋台について知ろう	○		○
2	1・2	すくい屋でしたいことを話し合おう		○	
	3・4	すくい屋の準備をしよう	○		
	5・6	自分の役割の準備をしよう	○		
3	1・2	友だち同士で屋台をやってみよう【本時】	○		
	3・4	振り返って、どんなふうに屋台に招待するか考えよう	○	○	
4	1・2	招待状を作ろう	○		○
	3・4	B小2年生を屋台に招待しよう	○		
	5・6	B小3年生を屋台に招待しよう	○		
	7・8	B中1年生を屋台に招待しよう		○	○
5	1・2	屋台で活動したことを振り返ろう		○	○

〈表2〉単元における学習活動と評価の観点

単元における習得・活用・探求

Point 5 新学習指導要領の枠組みに基づき単元を計画し、実践する

　学習指導要領総則の①「何ができるようになるか」②「何を学ぶか」③「どのように学ぶか」④「子供一人一人の発達をどのように支援するか」⑤「何が身に付いたか」という5つの項目は、授業づくりのプロセスとして読み替えることができる。本単元を学習指導要領総則の5つの項目で整理し、授業づくりに生かすようにした〈表3〉。

①何ができるようになるか	・役割を果たす ・協力する
②何を学ぶか	・人との関わり ・前単元や特別活動（交流）とのつながり
③どのように学ぶか	・自ら課題をもち実践する ・お客さんの感想を知り、活動を繰り返す
④子供一人一人の発達を どのように支援するか	・力が発揮できる役割 ・やりとりの場面設定
⑤何が身に付いたか	・評価する内容を視覚的に示す

〈表3〉本単元を学習指導要領総則の5項目で整理

　上記の内容を踏まえつつ、先に示した本単元で育成を目指す資質・能力を身につけるために、次のような実践を行った。

◎主体的な学び

　屋台「すくい屋」では、水槽の中に水流ポンプを置き、すくう玩具が渦を巻いて流れるようにして、それをすくう活動をお客さんに提供できるようにした。Aさんは「水流ポンプのホースを持つ役割」を自分で選び、担当した。

　単元の導入では、まず自分たちの屋台の楽しさを実感することができるように、自分たちですくい屋のゲームを楽しんだ。楽しみ方を試行錯誤して相談する時間を十分確保することで、自分の役割を理解し、自分から取り組むことができた。

　また、前もって「屋台でどのような工夫をしたいか」「自分の課題は何か」を決めておき、活動中にタイミングよく提示したことで、Aさんも「お客さんがすくいやすいように水を流す」など自分で見いだした課題を意識して取り組むことができた。

第2章　実践編

◎対話的な学び

　お客さんの要望に気づくことができるように、生徒同士で「すくう道具はどれがいいですか」と尋ねられたら「～でしたいです」と答える練習をする場面を設定した。すくう物や道具は、生徒たちが考えて相談し、複数用意した。また、友だち同士で協力することのよさを感じられるように、自分の力を発揮できる活動の設定や、教材・教具の工夫を行った。互いに見合いながら4人全員が役割を果たすことで、ゲームができるようなしかけを用意した。

　屋台の活動が終わった時点で、お客さんから直接感想を聞いてイラストを貼ってもらったり、タブレット端末で記録した動画を示したりすることで、Aさんは、自分がお客さんに楽しんでもらおうと取り組んだ一連の過程を知り、「うまくできていて、お客さんが喜んでいた」「友だちのあいさつもよかった」と満足そうに気づいたことや感想を伝えてくれた。

◎深い学び

　小学部や中学部の他学年の友だちを屋台へ招待する活動を3回設定し、その都度振り返りの場面を設けた。映像や音声でお客さんが楽しむ様子や感想を視覚的・聴覚的に示し、「自分がどのように取り組んでいたか」「お客さんはどう思っていたか」「次はどのようにしたいか」について思考することができるような言葉かけをしたり、友だち同士で気づいたことを伝え合う場を設けたりした。

　Aさんからあいさつをしたり、お客さんが喜んでくれるように試行錯誤しながらあきらめずに活動したりすることのよさに気づくような発言があった。

　本単元をもとに、特別活動の交流学習で老人ホームの利用者と交流した。相手への意識をさらに広げ、役割に粘り強く取り組み、次のような成長が見られた。

・楽しかった経験をもとに協力し合いながら自らの役割を担う。
・お客さん（友だち）がよりすくいやすいように試行錯誤する。
・高齢者の人たちにも同様に対応する。あいさつも自発的に行う。

振り返り

Point 6 評価規準の達成状況を確認する

単元の序盤（第三次1・2時）と終末（第四次7・8時）の授業を動画で撮影し、担任間で本時案や本時の評価規準と照らし合わせて、2回評価を行った。

序盤の評価では、教師からAさんについては「お客さんへ視線を向け意識してあいさつをしたり、すくいやすいようにホースの向きを変えたりすることができた。次は、友だちに意識を向けて協力する課題設定をしたらどうか」、そのほかの生徒についても「お客さんがすくっているときに活動が途切れたのは、流れているボールが見えず、お客さんの声にも意識が向いていないからではないか。席の位置を変えてみよう」といった視点が示された。

生徒の学習状況の評価と教師の指導の評価を行い、これから重点をおく評価の観点についても確認した。

次時へ向けて

Point 7 観点別評価の結果をほかの授業と関連させることを検討する

単元終了後に、知的障害部門中学部の教師全員による授業反省会を行った。その中で、「生徒会で落ち葉の清掃を提案し、積極的に役割を担った」「日常生活において教師に対して自分からあいさつができることが増えた」など、今回の活動終了後もAさんがさまざまな場面で自ら役割を担い、仲間と関わりながら生活していることを確認できた。

今後、観点別に評価したことをほかの授業と関連させながら、次の指導・支援や、目標設定などに生かしていきたい。

P ⑦のPoint1 ☐ ⑦のPoint2 ☐ **D** ⑦のPoint5 ☐ ◯のPoint ☐
　⑦のPoint3 ☐ ⑦のPoint4 ☐ 　◯のPoint ☐ ◯のPoint ☐

学部：中学部　　教科：生活単元学習
単元・題材：秋祭りをしよう！

〇子どもたちにその単元で何を育てることが目標？（評価できるよう具体的に）
・自分の役割を理解して正しく行動したり、自分たちの屋台でお客さんが喜んでいることに気づいて自ら役割を果たしたりすることができる。
・「こうすればお客さんがすくいやすいのではないか」と自分で考えたり、周囲の状況に合わせて「今はこんなふうに伝えてみよう」と判断したりしながら、自分の役割を担うことができる。
・自分から活動に取り組み、友だちと共に最後まで取り組むことができる。

〇どのような指導内容？
・祭りの屋台について知る。
・すくい屋の準備をする。
・友だち同士で屋台を開く活動を振り返る。
・お客さんを屋台へ招待した活動を振り返る。

〇主体的・対話的で深い学びの実現を目指して、どんな指導の手立てを使う？
・実際に屋台で使う道具を用意し、生徒が活動や役割を実際に行い、学べるようにした。
・屋台の様子をタブレット端末で動画撮影し、生徒の振り返りに活用した。
・動画での振り返りやお客さんの感想から、生徒が自分たちでうまくいった点や次への改善点に気づくよう促した。

C ⑦のPoint6 ☐ ◯のPoint ☐ **A** ⑦のPoint7 ☐ ◯のPoint ☐
　◯のPoint ☐ ◯のPoint ☐ 　◯のPoint ☐ ◯のPoint ☐

〇学習評価の結果は？（目標に基づく）
・お客さんに視線を向けてあいさつしたり、すくいやすいようホースの向きを変えたりする様子が見られた。
・友だちに意識を向けて協力する課題設定が必要であると考えられた。

〇評価結果から単元後半の授業改善は？
・生徒会など生徒同士で協力する活動や、日常生活でのあいさつなどにも積極性を保てるよう促していく。

主・対・深 8 子どもが選択する機会を増やす

活動の流れが身につくまで繰り返し、自信をもって取り組めるようにしよう！

実践概要 写真スタジオで撮影を行う活動を設定した。子どもたち同士で話し合って決める機会を増やしたことで、考えを伝えたり、譲り合ったりしながら取り組むことができた。

実践報告 鈴木雄也（北海道札幌養護学校） ｜ 中学部 ｜ 自立活動

解説

【主体的な学び】本実践は3観点で題材目標を明確にし、授業検討がなされている。それに基づき、どの生徒にも経験がある写真を撮る活動を取りあげている。さらに生徒が写真館をイメージできるよう教室設定を工夫し、さらに背景やポーズと実際の写真がイメージできるようICTを活用し、生徒が写真を撮ることを具体的にイメージして積極的に学ぶことにつなげている。

【対話的な学び】このような工夫をしたことで、生徒たちが一緒に写真を撮りたい人を誘う活動や、写真の背景やポーズについて話し合う活動を促すことができたと捉えられる。

【深い学び】これらの活動をとおして生徒たちは、話し合って物事を決めることや、自己の身体のイメージをもつことを学ぶことができたと考えられる。

P 教育ニーズの把握・単元設定

　本校の中学部では、教育課程の中に自立活動の時間を位置づけ、「チャレンジタイム」という名称で週１単位時間、主にコミュニケーションや人間関係の形成、環境の把握に関する内容を指導している。筆者が担当した学年集団は、自閉症スペクトラムの割合が比較的高く、自分の身体に対する意識や概念が十分に育っておらず、友だち同士で行動を同調させ、協力して取り組む経験が少ないことが課題であった。

Point 1 子どもにとって身近なことをテーマとする

　写真を撮るという身近な活動をとおして、自己像の確立と、他者と協働するための基礎を育みたいと考えた。多くの生徒たちは「写真を撮られる」「カメラを向けられる」経験をこれまでもしてきており、見通しのもちやすい活動である。一方で、写真を撮る目的や意味が明確でなければ、意欲をもって活動に取り組みにくくなる。

　そこで、題材名を「すてきな写真を撮ろう」とし、写真館で撮ってもらうという場面設定にした。そうすることで、卒業や成人式など、人生の節目での利用をイメージし、新たな興味・関心をもって取り組むことができるのではないかと考えた。

Point 2 個々で目標を具体化する

　本題材は自立活動の時間における指導であり、生徒個々のねらいや実態によってグルーピングを行い、柔軟に内容を設定している。学習指導要領にある「障害による学習上又は生活上の困難を克服し自立を図るために必要な知識技能を授ける」ことを目的として各教科等との関連を図りつつ、主体的・対話的で深い学びをとおして身につける資質・能力について指導者間で検討し、目標を設定した。

【知識・技能】
　自己の姿や身体のイメージについての認識を高める。

【思考・判断・表現】
　写真のポーズや背景画像について、自分で選んだり、友だちと話し合って決めたりすることができる。

【主体的に学習に取り組む態度】
　友だちと呼吸やタイミングを合わせて行動することに慣れ、協働して取り組む姿勢・態度の基礎を培う。

単元における習得・活用・探求

Point 3 子どもが自分で選んだり、話し合ったりする場面を設定する

「スタジオスズキ」という写真館で友だちと写真を撮る活動を設定した。

〈活動の流れ〉

写真館での活動ではあるが、写真シール撮影機のような流れにすることで、経験のある生徒は見通しをもちやすいと考えた。また、背景やポーズを生徒が自分たちで選んだり話し合ったりしながら決める場面をつくり、なるべく教師は見守るようにした。
○一緒に撮影する生徒3、4人がくじ引きで選ばれる。
○4種類の背景の中から代表の生徒が選んだり、友だちと話し合って決めたりする。
○8種類のポーズ（バンザイ、頭上で両手でマル、両手を頬に、手をつないでジャンプなど）の中から代表の生徒が選んだり、友だちと話し合って決めたりする。
○撮影スペースで撮ったあと、テレビ画面で画像を確認しながら、店長（教師）から評価を受ける。

〈環境設定〉

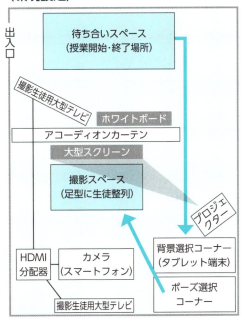

Point 4 ICTを活用する

写真背景について、タブレット端末をタップして生徒たちが選べるようにし、プロジェクターですぐに投影できるようにした。また、撮影はデジタルカメラではなく、スマートフォンを三脚に取り付け、カメラ機能で行うことで、テレビへ常時投影をしてすぐに確認できるようにした。

Point 5 順番を待つ時間を、活動の見通しや興味をもてる時間にする

自分の撮影順までの間、生徒たちは待ち合いスペースにいることになっていた。上の図のように、撮影スペースの様子を常時テレビでモニタリングできるようにしたことで、見通しをもったり、楽しみにしたりする様子が見られた。また、活動に慣れてくると、生徒の中には、友だちの写真を評価をする生徒も見られるようになった。

振り返り

Point 6 子どもの成長した姿からさらに発展できる授業改善を考える

　授業後に、次の2つの視点から改善すべき点について、教師間で話し合って整理を行い、具体的な案を出し合った。

① 主体的・対話的で深い学びを具現化する視点
　生徒たちは全員、これまでの経験と知識から活動に対して見通しをもち、リラックスした雰囲気の中で臨むことができた。
　また、友だちの様子をテレビ画面で確認したり、撮影した写真についてその場ですぐに振り返ったりする中で活動への興味・関心を高め、自分から行動することが増えたり、早く撮影を行いたいと教師に訴えたりする生徒が増えた。チャレンジタイムの時間が近づくと、自分から教室移動を始めるほど、楽しみにしている生徒も現れた。
　背景やポーズを選ぶ場面では、友だちと希望が異なっても、決まったことを受け入れながら活動に取り組んだり、話し合いを早くまとめるために進行役を進んで行ったりする様子が見られるなど、生徒同士が関わり合うことが増えた。
　改善点としては、今回は一緒に撮影するメンバーをくじ引きでランダムに決めていたが、生徒が声をかけ合いながら決めるようにするほうがよいとの意見があった。

② 題材目標（資質・能力）到達を目指す視点
　「写真のポーズや背景画像について、自分で選んだり、友だちと話し合って決めたりすることができる」という目標に関しては、自分の希望を指さしやタブレット端末をタップすることによって選んだり、話し合う中で友だちの意見も受け入れながら決めたりすることができるようになっていった。
　また、「友だちと呼吸やタイミングを合わせて行動することに慣れ、協働して取り組む姿勢・態度の基礎を培う」という目標に関しては、友だちと同じポーズをすることを理解でき、手本を示している教師ではなく、隣の友だちを見ながらポーズをとるようになった生徒や、かけ声役を名乗り出た生徒がいた。さらには、メンバーとのタイミングを合わせることが難しい、「手をつないでジャンプ」のポーズに挑戦したいと希望するグループが出てきたりした。
　一方、「自己の姿や身体のイメージについての認識を高める」という目標については、達成が不十分だという結論に至った。原因としては、撮影後すぐにテレビ画面で確認することができるものの、撮影している最中に随時自分がどのように写っているかを視覚的に確認する状況になっていないからではないか、という意見があった。

次時へ向けて

Point 7　授業で習得したことを普段の生活に広げて活用する

　授業反省の結果、次の2点について教材や展開を見直し、改善を行った。

① 友だちを誘ってみよう
〜子ども同士のやりとりをさらに増やす〜

　一緒に撮影するすべてのメンバーがくじ引きで選ばれるのではなく、最初の1人が選ばれたあとはその生徒が一緒に撮りたい人を誘うように展開を変更した。その際、生徒の顔写真を提示するなどして、意思表示の実態差に応じられるように教材を整えた。

　すると、生徒同士が呼びかけ合ったり、誘いを受け入れたりして撮影するなど、やりとりがより活発になった。

② シャッターを切る前からモニタリングしよう
〜子どもの行動に対するフィードバックをより即時的にする〜

　自己の姿や身体のイメージに対する認識を高めるという目標を達成するため、自分の行動やしぐさについて、より即時的に生徒にフィードバックする必要があると考えた。そこで、待ち合いスペースのテレビに投影していた撮影スペースの様子を、「HDMI分配器」（2つのHDMIに同時に信号を送る場合に使用するもの。1台のレコーダーにテレビを2台つなげて、両方のテレビで同時に見る場合などに使用する）を活用して、カメラの後ろに設置したもう1台のテレビにも投影した。

　生徒たちは撮影スペースで整列しているときから、ポーズをとってシャッターが切られるときまで、常に自分たちの様子をモニタリングできるようになった。それによって、より見本に近いポーズをとったり、友だちとタイミングが合う頻度が高まったりするなど、自己の姿や身体のイメージが撮影画像と結びつく生徒が増えた。

　本題材を終えたあと、生徒たちは「友だちと写真を撮る」場面があると、意欲的に参加するようになった。宿泊行事や学習発表会で、集合写真を撮影する際には、自分から整列をしたり、友だちと話をしながらポーズをとったりするなど、学校生活のさまざまな場面に学習の成果を生かしている様子が見られるようになった。

P	⑧のPoint1 ☐	⑧のPoint2 ☐	D	⑧のPoint3 ☐	⑧のPoint4 ☐
	○のPoint ☐	○のPoint ☐		⑧のPoint5 ☐	○のPoint ☐

学部：中学部　　教科：自立活動
単元・題材：すてきな写真を撮ろう

○子どもたちにその単元で何を育てることが目標？（評価できるよう具体的に）
・自分の姿や身体のイメージについて認識を高める。
・写真のポーズや背景画像について、自分で選んだり、友だちと話し合って決めたりすることができる。
・友だちと呼吸やタイミングを合わせて行動することに慣れ、協働して取り組む姿勢・態度の基礎を培う。

○どのような指導内容？
・写真館の設定で生徒が一緒に写真を撮る。

○**主体的・対話的で深い学びの実現を目指して、どんな指導の手立てを使う？**
・教室を写真館に見立てて設定した。
・待ち合いスペースに撮影スペースの様子がモニタリングされたテレビを用意して、生徒が待ち時間でも見通しや活動への興味をもてるようにした。
・タブレット端末を用いて写真背景を選べるようにした。
・スマートフォンで撮影して、撮影結果をテレビですぐに確認できるようにした。
・生徒が背景やポーズについて話し合っているときは、なるべく教師は見守るようにして、生徒が自分たちで決められるようにした。

○学習評価の結果は？（目標に基づく）
・生徒は写真撮影に興味・関心をもち、背景やポーズを生徒同士で話し合って決めることができた。
・生徒同士で見合ったり、声をかけ合ったりして、写真のポーズをとることができた。
・生徒が自分たちで一緒に撮影するメンバーを決められるとよいと思った。
・自己の姿や身体のイメージについての認識は、十分に高まっていないように思えた。撮影している最中に自分の姿が確認できないためと考えられた。

○評価結果から単元後半の授業改善は？
・最初に撮影される1人が選ばれたら、その生徒が一緒に撮りたい人を誘うようにした。
・撮影コーナーの様子をカメラの後ろに設置したテレビにも投影した。

主・対・深 **9** # 子どもの興味・関心から活動を考える

「自分たち」が活動の中心であることを意識して取り組めるようにしよう！

| 実践概要 | 毎年行っていた栽培活動を、子どもたち自身で育てる野菜、その野菜で作る料理を決めるように促したことで、意欲的に活動に取り組むことができるようになった。 |

| 実践報告 | 安田希美（千葉県立富里特別支援学校） | 小学部 | 生活単元学習 |

解説

【主体的な学び】何を調理したいか、そのために何を作りたいかを児童と一緒に考えたことで、児童が目的をもって意欲的に学習に取り組んだ。

【対話的な学び】各児童の得意なことを踏まえて作業の役割分担をし、児童同士で声をかけ合って協力しながら野菜作りを行った。また、教師や友だちと関わり、教え合ったり評価を受けたりする機会をつくることや、児童同士で話し合うことなどが行われた。

【深い学び】このような活動をとおして、児童は国語、算数、生活、図画工作に関する内容を、活動の中で関連させつつ学ぶことができた。

【ツール】野菜の成長を記録するワークシートを活用した。

P 教育ニーズの把握・単元設定

　本実践では、小学部6年生の5名の知的障害のある児童を対象にしている。言語でやりとりできる児童もいるが、具体物に手を伸ばすなどの直接的行動で示すなど、コミュニケーション手段は、児童によってさまざまであった。

　全校行事あるいは小学部の活動として、田植え、米の収穫、ジャガイモやサツマイモといった野菜を畑に植える、収穫するといった学習を毎年行っており、児童にとって畑での活動は、身近な学習活動の1つになってきている。食べることが好きな児童が多く、調理活動や給食の時間を楽しみにしたり、自ら食材に手を伸ばしたり、自分から準備・片づけをしたりするようになってきた一方で、野菜が苦手、嫌いだという児童もいた。

　また、学習の積み重ねにより、畑での活動自体に見通しをもつことができていても、何のために野菜を植えているのか、育てているのかといった理由や動機を理解し、主体的な思いや願いをもって取り組むには至っていないように見られた。

Point 1　子どもたちが学習活動の要素を自分たちで決められるようにする

　「小6ばたけ～○○を作ろう～」という単元を設定した。学級の畑という意識から「自分たち」が決めた野菜を「自分たち」で育て、「自分たち」の好きな献立に入れたらどうなるかを体験することで、主体的・対話的で深い学びにつながると考えた。

Point 2　子どもにとってなじみのある活動を題材とする

　生活単元学習において、児童にとってなじみのある畑作業の内容を広げ、畑作りから収穫、調理活動まで取り組むことで、学びを深めていくことができるようにしたいと考えた。

　また、実践をとおして、児童が生活上、望ましい態度や習慣、課題解決ができる力を身につけ、さまざまな場面で生かせるようになることを期待した。

【単元目標】
　学習指導要領の生活および国語の内容・目標を主として、次のように設定した。
① 進んで集団の中での役割を果たしたり、時間いっぱい取り組んだりする。
② 選択などの場面をとおして、自分の考えや思いを伝えたり、相手の考えを受け止めたりする。
③ 畑での活動をとおして、自然と親しみながら、日常生活に関わる知識・技能を身につける。

Point 3 各教科等を合わせた指導で教科それぞれの目標を踏まえる

　生活・国語・算数・図画工作などの内容を総合的に関連させるように計画した。学習指導要領の各教科等の目標を、具体的な評価規準に落とし込み、次のように単元を計画した〈表〉。

次		教科との関連	評価規準
一次	【自分の考えを伝える力】 ・学級の畑で植える野菜を使って何を作りたいか考える ・植えたい野菜（カレーに入れたい野菜）を言葉やカードで伝える	・生活科……意欲をもって学ぶ／生活に生かそうとする ・国語科……相手の話に関心をもつ／自分の思いや考えを相手に伝えたり、相手の思いや考えを受け止めたりする	・学級の畑に植えたい野菜を言葉で発表したり、写真・絵カードに手を伸ばしたりして伝えることができたか ・友だちの選んだ野菜をどのように受け止めたか
二次	【自然と親しみながら活動に取り組む力】 ・自分から土に触れたり、補助具を使って畑の下準備をしたりする ・友だちと協力しながらうねを作ったり、種や苗を植えたりする	・生活科……身の回りの生命や自然について関心をもつ ・算数科……物と物とを対応させて配る／対象物に注意を向け、対象物の存在に注目し、諸感覚を協応させながら捉える	・自分から土や種、道具に手を伸ばしたり、うねの下準備の活動に取り組んだりすることができたか ・決められたうねの場所に穴を掘ったり、穴に1つずつ種や苗を入れたりすることができたか
三次	【集団の中で役割を果たしたり時間いっぱい取り組んだりする力】 ・作業を分担し、協力して看板やかかしを作る （糸のこ盤などで木材の切断、色塗り、ニス塗り、釘打ちなど）	・図画工作……さまざまな材料や道具を使い、工夫して作品を作る ・生活科……身近な集団活動に参加し、簡単な係活動をする ・国語科……関わりの中で伝え合い、自分の思いをもつ	・自分の役割となった作業工程に時間いっぱい取り組むことができたか ・色や形、素材を自分から手を伸ばして選択したり、工夫したりして作ることができたか ・友だちに声をかけたり、物を受け取ったりしながら取り組むことができたか
四次	【野菜の成長を感じたり、世話をしようとしたりする力】 ・成長の記録を写真やメモで記録する ・水やりや草とりをする	・生活科……身近な生命や自然について知ったり、変化に気づいたりする／役割を果たそうとする	・野菜の成長の変化に気づくことができたか ・水やりや記録の役割をとおして、野菜の世話をしようとする態度が養われてきたか
五次	【収穫の喜びの分かち合いや、学びに向かう意欲の向上】 ・育った野菜の収穫をする ・収穫した野菜を使ってカレーを作る ・単元の振り返りをし、今後の展開について思いを伝え合う	・生活科……日常生活の手伝いや仕事に進んで取り組もうとする／身近な自然に関心をもつ／役割を果たそうとする ・国語科…自分の考えや思いを伝えたり相手の思いを聞いたりする	・自ら野菜に手を伸ばしたり、収穫したりすることができたか ・収穫した野菜を使ったカレー作りの役割を果たそうと活動に取り組むことができたか ・単元の振り返りや次時の発問に対して、自分の思いを言葉で伝えたり、写真や絵カードに注目したりすることができたか

〈表〉単元計画

第2章　実践編　**85**

D・C 単元における習得・

Point 4 子ども同士で考えを伝え合い、それに対して教師がフィードバックを行う

第一次	
授業展開	評　価
●小学部の畑に植えてある野菜を確認し、今後何を植えるかは自分たちで決められることを伝え、調理活動に生かせる野菜を植えるとよいのではないかと提案した。 すると、児童たちから「カレーを作りたい」という意見があがった。 ●畑でも植えているジャガイモのみを入れたカレーを試食し、物足りなさから「何を入れたいか」を児童自ら考える機会を設けた。 ●教師がさまざまな地域のカレーを紹介したり、材料の候補となる野菜の写真やイラスト、具体物を用意したりして、児童がイメージして具材を選択できる場面を設定した。 ●教師が「Bさんはニンジンを入れたかったんだね」など、自己選択のフィードバックをしたり、仲介をしたりするようにした。	●カレーに入れる野菜を必ず1人1つ選択するようにしたことで、「Aさんと同じだ」「ニンジン、嫌い。でもBさんが選んだからしかたないよ」「えー、なんでトマト」など、考えを伝え合えた。 ●みんなで作るカレーの名前は、畑から連想して「小6カレー」とした。「小6カレー」を実現させるためには、自分の考えを伝えるだけでなく、相手の考えも受け入れたり、合意形成を図ったりする必要がある。そういった発言や態度、行動を肯定的に評価した。

第二次	
授業展開	評　価
●何を植えるのかを確認し、目的意識をもって畑に向かうようにした。 ●高等部の農耕班の先生をゲストに招き、苗や種の植え方やおいしく育つためのポイントを教えてもらった。 ●均等な幅で植えるための補助具を協力して使えるように、ペアでの活動にした。 ●4種類の野菜をどこに植えたかわかるようにするには、どうしたらよいか発問した。すると、「看板、作ろう」と昨年度もやったことのある解決策が出され、次時につながった。	●野菜があまり好きではない児童から「（農耕班の先生に教えてもらって）おいしくなるかな」と期待する発言があった。 ●準備や水やりをとおして、自然に親しみながら時間いっぱい自分たちの役割を果たしたり、道具を持ち続けて協力したりすることができた。 ●教師の課題提示については、それまでの経験を踏まえ、自分たちで課題解決の考えを出したり、合意したりする姿があった。

活用・探求／振り返り

Point 5 個々の子どもの得意なことを生かした役割を設定する

第三次	
授業展開	評　価
●かかしと植えた野菜を示す看板作りを行った〈写真〉。児童の得意なこと・よさを生かして作業を分担した。それまでの経験（糸のこ盤やノコギリなどの道具を使った木材の切断、釘打ち、色塗りなど）により、児童によってはガイド板や補助具を使用したり、得意な活動を見極めたりした。 ●かかしには、ビニール袋に新聞紙やシュレッダーの紙などを遊びながら詰めることにより、視覚・聴覚・触覚などの感覚にもアプローチした。 ●かかしのイメージがもてるように、イラストや写真を用意し、参考にしながら作業を進めた。	●分担することで、「はい、どうぞ」「できました」「おねがい」などの声のかけ合いや、手を伸ばして受け取ることが自然と必要になった。 ●看板作りは、昨年の経験を生かし、イメージをもって作ることができた。 ●以前に使ったことのある道具が出てくると、「やりたい」と伝えたり、道具に手を伸ばしたりして、時間いっぱい取り組んだ。 ●かかしは、動物が近づかないようにと顔を怖くしたり、色合いを派手にしたりして工夫しながら、分担したパーツを作ることができた。 ●完成した看板やかかしは自分たちで畑に運び、うねの前に差し込むことができた。 ●児童よりも大きく、重くなったかかしを「Dさん、頭を持って」など協力を依頼して運ぶ姿が見られた。 ●他学部の生徒や職員から、かかしが「畑を守ってくれそう」「強そう」といった評価を直接受けることがあった。

〈写真〉かかしと看板

〈図〉ワークシートで記録をつける

Point 6　子どもが自らの役割を果たした結果を視覚的に確認できるようにする

　畑の事前準備で満足してしまった児童がいたため、何もしなくても野菜が育つわけではないと確認し、「自分たち」の野菜と意識して世話に取り組めるように、次の取り組みを提示し、継続的に行えるようにした。

第四次ほか、学級活動	
授業展開	評　価
●水やり、写真を撮る、観察の様子を書くなど、役割を分担した。 ●写真で「どのように成長したのか」を確認し、ワークシートで記録をつけ（87ページの図）、それを学級の児童みんなで共有した。 ●水やりや草取りなどが野菜の育ちに関わっていること、児童たちがよく役割を果たしていることを励ますようにした。	●記録を見ながら「芽が出た」「花が咲いた」などの変化に気づく児童、友だちに野菜の成長を教える児童、それに注目する児童がいた。 ●児童同士で「Cが撮ったんだよ」「すごいじゃん」「私もやりたい」といった役割への評価をし合う姿もあった。

第五次	
授業展開	評　価
●夏休み明けに、自分が最初に選んだ野菜を収穫し、「小6カレー」作りを行った。米、ジャガイモは小学部の畑から収穫したもの、カレーのルーや肉といった野菜以外の材料は教師が事前に購入したものを使った。 ●調理活動では、野菜を切る・つぶす、水を量る、かき混ぜるなどの作業工程を分担した。包丁を使うことが難しい児童には、ビニール袋に入れたトマトを握ってつぶすといった工程を教師と一緒に行うようにするなどした。	●収穫では、野菜に自分から手を伸ばしたり、「大きくなっていた」と野菜の変化を感じたりすることができた。 ●採れた野菜をそのまま口にしようとした友だちに、「カレーに入れるんだよ」と教える姿があった。何に使うために野菜を植え、収穫するのかといったことを見通した行動・発言であり、友だちと協力してきたことも表現されていた。 ●調理活動では、それぞれの役割を果たしたり、自分から野菜や道具に手を伸ばして動かしたりといった姿が見られた。 ●嫌いなトマトを気にせずに食べることができたAさんに「よく食べたね」と教師が声をかけると、「だって、おいしいんだもん」と言った。自分たちで育てあげたからこその結果だろう。

A 次時へ向けて

Point 7 本単元の学びを次の単元で発展させる

　授業改善が有効だったか、単元設定時と同様の視点、つまり主体的・対話的で深い学びの視点で児童の姿を捉え、検証を行った。

◎主体的な学び
- 最初に「何を作りたいか」「何を調理したいか」とゴール（目標）を児童と一緒に考えたことで、目的をもって課題を解決する、意欲的に役割を果すという姿につながった。
- 畑で採れた物を使って調理するのに必要な物を買いに行くという学習展開は児童にとって連想しやすく、自分たちで授業の流れを決めていきやすかった。

◎対話的な学び
- 畑を題材にしたことで、成長の様子や役割など、目で見てわかることが多かった。
- 教師からだけなく、友だち同士での評価につながっていることがあった。
- 専門性の高い職員が畑の下準備や調理活動を支えることで、「おいしい野菜を作るにはどうしたらよいか」や「何をする時間か」を考えて活動に向かうことができた。
  →「どうやったら実現できるか」という課題解決や選択の機会を小学部段階から設定することで、学びに向かう姿や身につけた力を発揮する姿につなげられると感じた。

◎深い学び
- 自分たちで決めた野菜を育てあげたことで、苦手でも「おいしい」と笑顔で表現できた。児童にとって、今までの捉え方を変えるきっかけになったと思われる。
- 新たな課題について、今までの経験をもとにどのように解決するかを単元の中で考えたり、生かしたりしながら、成功体験や課題解決を積み上げていき、「次は〜をやりたい」といった前向きな発想・発信が出るようになった。

　本単元終了後、児童たちから「ケーキを作りたい」という声があがった。昨年度、さまざまな味のカップケーキを作った経験があり、ニンジンが余っていたことなどと結びつき、「キャロットケーキ」を作りたいという思いが出てきたと考えられる。カレー作りのときとは異なり、必要な材料の買い出しも児童たちと一緒に行う計画を立てた。各自1つは材料を買うように分担し、買い物の練習や金銭の取り扱いの学習も行った。ケーキ作りでは、栄養士をゲストティーチャーに招き、作り方を教えてもらいながら実施し、小学部の友だちに振る舞った。

P	⑨の① ☐ ⑨の② ☐	D	⑨の④ ☐ ⑨の⑤ ☐
	⑨の③ ☐ ○の Point ☐		⑨の⑥ ☐ ○の Point ☐

学部：小学部　　教科：生活単元学習
単元・題材：小6ばたけ〜○○を作ろう〜

○子どもたちにその単元で何を育てることが目標？（評価できるよう具体的に）
・進んで集団の中での役割を果たしたり、時間いっぱい取り組んだりする。
・選択などの場面をとおして、自分の考えや思いを伝えたり、相手の考えを受け止めたりする。
・畑での活動をとおして、自然と親しみながら、日常生活に関わる知識・技能を身につける。

○どのような指導内容？
・畑に植える野菜を決める。
・友だちと協力しての畑の下準備や、看板やかかし作りを行う。
・野菜の成長記録をつける。
・野菜の収穫とカレー作りをする。

○主体的・対話的で深い学びの実現を目指して、どんな指導の手立てを使う？
・各活動では児童がそれぞれの役割を行えるよう、道具や補助具の配置などを工夫した。
・カレーとその調理に使う野菜、かかしなどの写真を用意して、児童がイメージをもてるようにした。
・説明や補助具を用いて、看板やかかしが作れるようにした。
・児童が自分たちで決める際には、その児童の選択に関して教師がフィードバックを行い、児童同士で合意形成することを促した。

C	⑨の④ ☐ ⑨の⑤ ☐	A	⑨の⑦ ☐ ○の Point ☐
	⑨の⑥ ☐ ○の Point ☐		○の Point ☐ ○の Point ☐

○学習評価の結果は？（目標に基づく）
・調理するカレーのイメージをあらかじめ考えたことで、活動のゴールを意識し、意欲をもって、役割分担しながら取り組むことができた。

○評価結果から単元後半の授業改善は？
・次のケーキ作りでは、材料の買い出しも児童と一緒に行う計画を立て、ゴールとそのために必要な課題をイメージすることや役割分担することを、さらに学ぶようにする。

主・対・深 10 教師の介入は必要最低限にする

教師は見守りに徹し、子ども同士の話し合いを活性化させよう！

実践概要　「ダンス」を生徒が自分たちで創作し、発表した。活動を生徒にゆだね、自己評価と生徒同士の相互評価を繰り返しながら進めたことで、達成感と意欲を育んだ。

実践報告　小岩正敏（石川県立明和特別支援学校）｜中学部｜体育

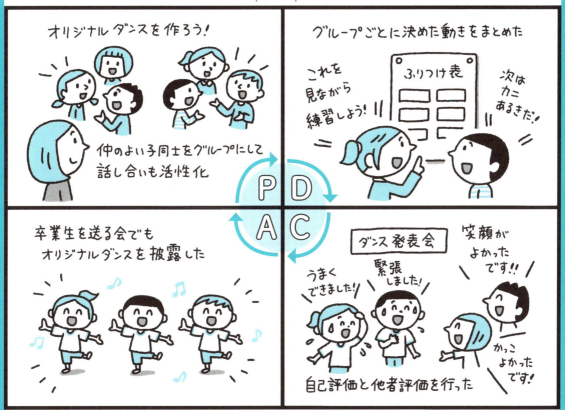

解説

【主体的な学び】創作ダンスをするために、まずは基本となる18種類のステップを言葉で表現しつつ、具体的に学んだ。

【対話的な学び】ふりつけ表とステップカードを用いて、創作ダンスに関する話し合い結果が視覚的に示されるようにした。話し合いの際、教師はヒントを出す役に徹した。ダンス発表会後には、生徒が相互評価する機会を設けた。

【深い学び】このような活動をとおして、生徒はダンスのステップやダンスの創作を学ぶことにとどまらず、お互いに意見を伝え合い、ほかの生徒の意見を踏まえながら改善していくことを学んだ。

【ツール】視覚的に活動を理解することができるように、「ふりつけ表」や「ステップカード」を取り入れた。

P 教育ニーズの把握・単元設定

　本校の中学部1年には、男子32名、女子10名が在学している。自閉的傾向のある生徒が多いが、日常生活の中ではある程度、言語指示が理解でき意思疎通ができる生徒が多い。本題材は「創作ダンス」をメインとして、〈表1〉のように指導計画を立て、12月に設定した実践である。

次 (配時)	小題材名および目標	主な学習活動	評価規準	評価の観点 知	思	主
一 (1)	ステップの種類を知ろう ・18種類のステップを覚える	18種類のステップの練習	18種類のステップを覚え、踊ることができている	○		
二 (2)	振り付けを決めよう ・振り付けを決めたり改善したりすることに関して意見を言う ・オリジナルダンスを覚え、踊る	振り付けの決定	振り付けの決定、改善などに意見を言っている		○	
		振り付けの改善				
		曲開始前、曲途中のパフォーマンスの決定				
		ダンス練習	決めた振り付けどおりに踊ることができている	○		
三 (2)	第1回発表会をしよう ・発表が終わったあとに感想を言う ・振り付けの改善に関して意見を言う ・改善したオリジナルダンスを覚え踊る	第1回発表会	発表が終わったあとに感想を言っている			○
		振り付けの改善	振り付けの改善に意見を言っている		○	
		ダンス練習	決めた振り付けどおりに踊ることができている	○		
四 (1)	第2回発表会をしよう ・改善したオリジナルダンスを覚え、踊る ・意欲的に発表する	ダンス練習		○		
		第2回発表会	発表が終わったあとに感想を言っている			○

〈表1〉指導計画（評価の観点は「知識・技能」「思考・判断・表現」「主体的に学習に取り組む態度」）

Point 1　子ども同士の相性を考慮してグループ構成する

　生徒を3グループに分けて、グループ別の活動を主に取り入れた。グループは、生徒同士の相性を考慮して構成した。話し合いに花を咲かせることを重要視すると、グループ設定が1つの鍵となる。

　また、生徒自身が選択する機会をつくるためにグループごとの音楽の選曲に関しては、使用する曲のアンケート箱を用意し、生徒から希望を募った。昼休みなどに各グループで集まり、アンケートで回答された曲の中から、ダンスにふさわしい曲を生徒や教師が共に話し合い、多数決で決めた。

Point 2　習得・活用・探求に基づき題材を設定する

　題材の構成を計画する際には、「習得・活用・探求」を意識した。
「習得」…生徒が18種類のステップを覚えてできるようになること（表1 第一次）
「活用」…生徒が振り付けを決める際に、音楽のテンポや盛り上がりなどを考慮してステップを選択すること（表1 第二次）
「探求」…第1回発表会後によりよいオリジナルダンスとなるよう改善すること（表1 第三次）

単元における習得・活用・探求

Point 3 動作を言語化・視覚化する

　初回の授業では、ダンスの単元における目標「みんなでオリジナルダンスを作り、発表する」と概要を生徒たちに伝えた。

　この日のメインは、「18種類のステップの練習」であった。それぞれのステップを生徒にわかりやすい言葉を使って表にし〈表2〉、ホワイトボードに貼り、説明した。1つのステップを紹介するごとに、全員で練習をしていった。

①あるく	⑩ひねる	⑬よこうでふりいどう
②はしる	⑧よこうでふり	⑭まえにパンチ
③よこにパンチ	⑨ひざ	⑮ひねって、うえにパンチ
④うえにパンチ	⑩ひねる	⑯よこうでグルグル
⑤1、2、3キック	⑪キック	⑰マール、マール
⑥カニあるき	⑫1、2、チョン、チョン	⑱みぎ、ひだり、みぎ、みぎ

〈表2〉18のステップ表

　このように「動作を言語化した合言葉のような示し方」と教師の示範とを合わせることで、生徒への理解を促した。

Point 4 子ども主体で話し合えるよう、教師はヒント出しに徹する

第二次①時

　3グループに分かれ、振り付けを生徒たちで考えた。前もって決定した曲のうち、1曲だけを使用し、その曲に合わせた「ふりつけ表（模造紙2枚分の大きさ）」と18種類のステップを書いた「ステップカード」を、教師が用意しておいた。

　生徒たちは、グループごとに「ふりつけ表」にどの「ステップカード」を貼るかを話し合い、活動の中で決めていった。話し合いの際に教師は、話が前に進むよう時折ヒントを出す役に徹した。

第2章　実践編　93

Point 5　子どもが話し合って決めたことを視覚的に示す

　話し合いの場面では、例えば、12人生徒がいるグループは、さらに半分の小グループ（6人）に分かれた。サビ（最初と最後にサビがあり、振り付けは同様）、イントロ、Aメロ、Bメロの4つに分け、どちらの小グループがどの部分を創作するか、生徒が話し合って決めた。

　グループごとにまとめた「ふりつけ表」〈写真1〉を見ながらダンスの練習をした。練習の際は、表の見る場所を、教師が指さしで示しながら行った。

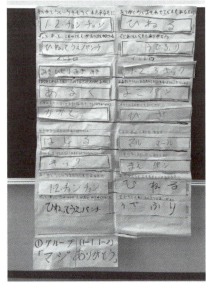

〈写真1〉ふりつけ表

Point 6　子ども主導の活動場面を増やしていく

第一次2時

　本時は、曲の始まる前と、曲途中のパフォーマンスを考える活動をメインとした。第一次の振り付けの決定の際は、教師が用意した「ステップカード」から振り付けを「選ぶ学習」であったが、本時ではパフォーマンスを「ゼロの状態から考える学習」へとステップアップした。

　教師が歌詞の意味を生徒たちに伝え、主人公の心境について生徒と共に考えた。その後、生徒同士でこの心境を踏まえたパフォーマンスとしてどのようなものがあるかを話し合った。ここでも教師は、話が前に進むよう時折ヒントを出す役に徹した。

　話し合いの結果、「〇〇ありがとう」という曲が始まる前に全員が自分の顔の前で「ありがとう」と、まるで手紙に書くかのように指で描き、その架空の手紙を折りたたんで隣の生徒に渡すというパフォーマンス案が出た。これはそのまま採用した。

　曲途中のオリジナルポーズに関しては、話し合いの結果、イントロの最後にパフォーマンスを入れたいという意見にまとまった。そこで、そのパフォーマンスをどうするか、生徒同士でさらに話し合った。結果、クルッと回転して、両腕を頭上からゆっくり下ろすという意見にまとまり、それを採用した。

　その後は、一時で作成した「ふりつけ表」を使ったダンスに、今回決めた「曲が始まる前と曲途中のパフォーマンス」を加えて練習した。

C 振り返り

Point 7 子どもによる自己評価と相互評価を行う

第三次

　「第1回ダンス発表会」を実施した。グループごとにオリジナルダンスを発表し、1つのグループの発表が終わるたびに観客（他グループの生徒）が感想を言う「感想コーナー」の場面を設定した。「～さんがかっこよかったです」「～さんの笑顔がよかったです」などの感想があった。

　ダンスをした生徒からも、自分のダンスについて感想を聞く場面を設定したところ、「うまくできました」「緊張しました」などの感想があった。こうした感想の共有は、生徒による他者評価と自己評価として位置づけたものである。教師からの感想（評価）では、よかったことと、今後へのアドバイスなどを各グループへ伝えた。

　発表会後、各グループで集まり、他グループのダンスを見たり、感想（評価）を聞いたりしたことを参考に、自分のグループのダンスについて話す機会を設けた。司会者を決め、話し合う中で、曲が始まる前のパフォーマンスでジェスチャーに加え、「ありがとう」と実際に声に出してみる、曲のサビ部分の振り付けをもっと盛り上がる別のステップに替えるという改善点があがり、どちらも採用した。

　その後、第2回発表会に向けて練習を繰り返した。

Point 8 子どもが相互評価をもとに再検討する機会をつくる

第四次

　グループ別に練習をしたあと、「第2回ダンス発表会」を実施した。子どもたちはこの発表会を楽しみにしているようだった（96ページ〈写真2〉）。

　前回は自信なさげで緊張している生徒が多かったが、今回は、自分たちのダンスを見てくださいと言わんばかりに自信に満ちあふれていた様子であった。また、音楽のリズムに合っていることや、なるべく同じ方向から動いていることなど、「完成されたダンス」となっていた。

　前回と同様に「感想コーナー」を設けたところ、観客（他グループの生徒）からは、「みんなすごかった！」「みんなかっこよかった！」など、まとまり感があるといった感想が多かった。発表した生徒からは、「おもしろかった」「またやってみたい」など、前向きな感想が聞かれた。教師も、「心がこもっていた」「一体となっていた」など、感動したことを生徒に伝えていた。

A 次時へ向けて

Point 9 主・対・深の視点で実践を振り返る

◎主体的な学び

ダンスは、「体力づくり」として水・金曜日に必ず行っていることもあり、生徒にとってなじみが深く、興味をもっている生徒が多かったため、題材全体をとおして主体的に参加していた。

◎対話的な学び

グループで話し合い、創作ダンスの振り付けを決めること、曲のどこかにオリジナルポーズを入れること、よりよいオリジナルダンスとなるよう改善することができるようにした。

振り付けを決める際には、「ぼくは〜のステップがいいと思うなあ」「ぼくは〜のステップがいい」など、自分の好きなステップを中心に意見が出た。そこで教師が「曲のこの部分は静かな場面？ 盛り上がる場面？」と振り付けの方向性を決めるきっかけとなるようなヒントを出した。すると、「この部分は静かやね」「静かな振り付けならばBさんのステップがいいんじゃない？」「Cさんのステップもいいし、BさんのステップとCさんのステップをつなげてみよう」など、発展的で活発な話し合いがなされた。教師は、話が前に進むよう時折ヒントを出す役と、生徒が振り付けしたステップを示範する役に徹した。

◎深い学び

「対話的な学び」をとおして、自分の知識を関連づけたり、ほかの人の意見を聞いて新たな考えを形成したりするなど、「深い学び」につながっていった。

みんなで作ったダンスをやりとげる活動〈写真2〉をとおして、生徒たちに「達成感」「意欲の向上」が見られた。特に、「またやってみたい！」が現実となり、毎日、昼休みに曲を流してオリジナルダンスをしている生徒もでてきた。また、「卒業生を送る会」で、1年生の出し物としてこのダンスを踊ってはどうかと教師から提案すると、多くの生徒が「やってみたい」と答え、当日は全グループが心を込めたオリジナルダンスを披露した。

〈写真2〉発表会の様子

PDCAチェックシート

P ⑩のPoint1 ☐ ⑩のPoint2 ☐ **D** ⑩のPoint3 ☐ ⑩のPoint4 ☐
   〇のPoint ☐   〇のPoint ☐   ⑩のPoint5 ☐ ⑩のPoint6 ☐

学部：中学部　　教科：体育
単元・題材：創作ダンス

〇子どもたちにその単元で何を育てることが目標？（評価できるよう具体的に）
・ダンスのステップや振り付けを覚え、踊ることができる。
・振り付けを決めてダンスを創作し、踊ることができる。
・創作ダンスの発表後に、次のダンスにつながる感想を言い合える。

〇どのような指導内容？
・ステップの種類を知る。
・生徒同士で振り付けを決める。
・発表会とその振り返りをする。

〇主体的・対話的で深い学びの実現を目指して、どんな指導の手立てを使う？
・「ふりつけ表」を見える位置に置き、生徒がそれを参照して練習ができるようにした。
・ダンスのステップそれぞれをわかりやすい言葉で示した表を作り、ホワイトボードに掲示した。
・振り付けを決めた曲の「ふりつけ表」と「ステップカード」を用意した。
・話し合いで教師は、直接的に指示せず、話し合いが進むよう時折ヒントを出す役に徹した。

C ⑩のPoint7 ☐ ⑩のPoint8 ☐ **A** ⑩のPoint9 ☐ 〇のPoint ☐
   〇のPoint ☐   〇のPoint ☐   〇のPoint ☐   〇のPoint ☐

〇学習評価の結果は？（目標に基づく）
・各グループともにオリジナルのダンスを発表し、感想コーナーで相互に肯定的な感想を伝え合う様子が見られた。
・お互いの評価をもとに、生徒が自らのダンスの改善点を見つけられるとよいと思った。

〇評価結果から単元後半の授業改善は？
・生徒がダンスの発表について相互に評価した結果をもとに、次の発表会へ向けてダンスを改善する場を設ける。

あるある質問　目指す授業に近づいているのか、正直わかりません…

「目指す授業に近づいているのかわからない」というとき、そのよりどころになるのは、(1) 児童生徒が目標に向かった学びをしているかどうか、(2) そしてそのために授業を改善していけているかどうかになります。また、児童生徒が目標に向かった学びをしていても、(3) その学びのペースが、教師が想定しているよりもゆっくりで、「今の学びでよいのか？」と迷うこともあるかもしれません。(1)～(3) に沿ってどのように考えたらよいか、以下にポイントを示します。

Point 1 児童生徒に育てたい資質・能力とその評価の考え方を、校内で共通理解する

児童生徒が目標に向かった学びをしているかどうかを考えるには、まずは児童生徒に育てたい資質・能力を校内で共通理解する必要があります。資質・能力の3観点（158ページ参照）を実際の教科等の学習場面では、具体的にどのように目標設定してその評価を読み取るのかは、さまざまな例があげられます。

例えば、検討会の時間を設けて、個々の教師が児童生徒に育てたいと思う力を付せんなどにたくさん書き出し、それを知識・技能、思考・判断・表現、主体的に学習に取り組む態度、に分けてみるとよいでしょう。そうすることで、教師が普段、どのような力を伸ばそうと思っているのか、3観点を踏まえて整理したり、ほかにねらうべき力があるのかどうか検討したりすることができます。

Point 2 授業検討のやり方を定式化する

授業に目標を立ててその評価をしても、その評価結果から次の授業をどのように考えたらよいのか、授業はさまざまな要素から構成されるため、迷ってしまったり、時間がかかったりしてしまうかもしれません。そのため、授業検討をどのような手順で、どのような時間管理で進めるのか、あらかじめ定式化するとよいでしょう。その際、どの時間を使って授業検討するのか予定しておくと、定期的に授業検討ができます。

Point 3 教師間で日々、気軽に少しでも授業について話題にする

知的障害のある児童生徒は個々で学習のペースがさまざまなため、すぐに変化が表れないことがあり、「今の指導、学びでよいのか？」と悩むことがあるかもしれません。教師間で日々、気軽に授業や児童生徒の様子を話せると、児童生徒の変化を客観的に見たり、教師にとって指導の励みになったりするかもしれません。

11 授業改善の方向性を定期的に見直す

「振り返りシート」を活用して授業改善の方向性を探ろう！

実践概要 子どもが興味をもって取り組める「怪獣作り」を行った。友だちの活動に目を向けさせたり、活動場所を工夫したりすることで、作り方を工夫できるようになった。

実践報告 髙倉光一郎（大分大学教育学部附属特別支援学校）｜小学部｜図画工作

解説

【主体的な学び】児童の興味が高いと考えられた「怪獣作り」を題材とした。また、児童が怪獣をどのように作るかイメージをもって決められるよう、怪獣のイラストとパーツの見本を用意した。

【対話的な学び】児童がチームとなり怪獣作りを行ったことで、児童がお互いに認め合ったり教え合ったりする機会が生まれた。

【深い学び】このような活動をとおして、児童は怪獣作りの表現活動を、ほかの児童からも学び、さらにイメージを膨らませることができた。

【ツール】教師が計画時と振り返り時に使用する、「授業構想シート」と「振り返りシート」を活用している。

P 教育ニーズの把握・単元設定

　本校では、「児童生徒が活動に意欲的に取り組むための授業づくり」をテーマに、授業実践を中心とした研究を行っている。その中で、学習内容を習得・活用し、意欲的に活動に取り組むための授業づくりの視点を「授業構想チェックシート」としてまとめた。さらに、その視点に基づいて、日々授業づくりを効率的に行えるように授業担当者間でアイディアを出し合い、授業計画を立てるための「授業構想シート」を作成し、使用している。

　また、学習指導要領をもとに、図画工作科の指導内容を〈表1〉のように「表現」と「鑑賞」に分け、段階ごとに整理している。

段階	表現		鑑賞
	主題のもち方	表現活動のしかた	
Ⅰ	○体全体を使って、自由に遊ぶ	・思いのままにかく　・線を引く ・簡単な形をかく　・作る　・ちぎる　・くずす ・丸める　・つなぐ　・折る　・形で遊ぶ ・色で遊ぶ　・集める　・並べる　・貼る ・飾る　・版にする	・自分の作品を教師に見せる
Ⅱ	○自分のかいたものに意味づける ○自分の表したいものをかく（作る） ○体験したことや身近なものをかく	・形や色に着目してかく・作る ・形や色に関心をよせてかく・作る ・いろいろな形や色を使ってかく・作る ・自由に組み合わせてかく・作る	・自分の作品や友だちの作品を見て、感じたことを話す ・自分の作品を大切にする
Ⅲ	○主題を決めて取り組む	・かきたいものをよく見てかく ・形や色の組み合わせによる感じの違いに気をつけてかく・作る ・作ろうとするものの感じがでるように作る ・いろいろな形や色、材質の違いを生かしてかく・作る ・伝えたいことがよくわかるように、色や形を使ってかく・作る	・自分や友だちの作品の表し方の違いに関心をもって見る ・美しい自然の風景や造形品に関心をもつ ・自分や友だちの作品を大切にする

〈表1〉図画工作科の指導内容段階表

　「表現」については、【主題のもち方】と【表現活動のしかた】の2つに分け、それらを組み合わせ、指導の内容を設定している。「鑑賞」については、小学部の子どもの様子を見ると、参考作品や美術・工芸作品を「鑑賞」するだけで授業を展開することは難しい。従って、「表現」の内容を中心とし、「鑑賞」の内容は、作品を作る過程や、お互いに作品を見合う場面で指導している。

　本実践の対象学級である3・4年生は、各3名計6名で、「表現」の【主題のもち方】が、Ⅰ段階とⅡ段階の児童がいる。【表現活動のしかた】は、手先の不器用さはあるものの制作活動に意欲的に取り組む児童や、活動を繰り返すうちに自分から取り組むようになる児童がいた。このような子どもたちに、造形遊び活動の楽しさを存分に味あわせながら、さまざまな表現活動をする力を伸ばしていきたいと考えた。

Point 1 授業を構想するシートをもとに、教材や学習環境などを検討する

子どもたちの実態と育てたい力を考えたうえで、「授業構想シート」の教材に関する視点をもとに、基本的な授業構想を立てた〈表2〉。主な内容は4点である。
① 生活の中で使うことが多くある、ねじる・ちぎる・丸める・つなぐ・折る・並べる・貼るなどの基本的な造形活動がたくさん経験できるもの
② 子どもたちが興味をもち、自由な発想で形づくりができるもの
③ 体全体を使った創作活動ができるもの
④ 繰り返しのある創作活動をしくめるもの

授業構想シート	6．学習活動について	2．題材計画について
教科・領域＿＿＿＿＿＿＿＿＿＿ 授業（構想）者＿＿＿＿＿＿＿＿	1時間の授業の流れをどのようにしますか	めあてを達成するためにどのような手順で授業を進めていますか
1．教材について どんな教材を考えていますか ①その教材で生徒に身につけてほしい力（指導内容）を指導できる教材になっていますか。 ②日常の生活に生かすことができますか。 ③児童生徒が、学習する必要性を感じ、課題をもちやすい（引き受けやすい）ものですか。	①導入は、課題に興味・関心がもてるよう、既習した内容を想起させる活動や本時における活動を理解できる活動を組んでいますか。 ②展開は、新たな内容を理解させるため、教具の操作の意味を説明したり、実際に教具を操作したりする活動を組んでいますか。 ③発展は、定着、応用、工夫を図るために、短時間で正確にできるように練習問題をしたり、操作を繰り返したりする活動を組んでいますか。 ④終末は、今日の取り組みを評価（自己評価）し、次時への意欲や期待をもてるような活動を組んでいますか。	①一次は課題や学習に興味・関心をもつ。二次は内容を身につける。三次は、自分で行動を決定し、主体的に取り組むための活動を設定していますか。 ②実態に応じて、児童生徒のつまずきの原因を解釈し、できていくことやわかることなどが段階化されるように計画されていますか。 ③児童生徒の学び取りの傾向から、課題の意識のさせ方や解決に向けての取り組ませ方が検討されていますか。（「6．学習活動について」も参照） ④単元計画を立てる場合には、単元全体をどのように展開していくかがわかる「全体の計画」と、その中で個別にどのような計画で指導するのかがわかる「個別の計画」が作成されていますか。
3．学習環境 場面設定についてどんなしくみを考えていますか ①活動の流れ、量、しやすさを考慮して道具・材料の配置が考えられていますか。 ②学習以外のものに注意が向かない環境に整えられていますか。	〈導入〉 〈展開〉 〈発展〉 〈終末〉	
	5．教材の工夫 教材についてどんな工夫を考えていますか ①生徒の機能面や特性に応じて、1人で取り組むことができるように工夫されていますか。 具体的には…②丈夫ですか。 ③適度な大きさですか。 ④好きなものを活用していますか。 ⑤使い方がわかりやすく、自分で操作できますか。 ⑥実物に近く、生活の中でも使えるものですか。		次	時	

〈表2〉授業構想シート　＊授業構想チェックシートと番号を対応させ、1枚に収まるように配置

Point 2 子どもの興味をもとに題材を選ぶ

　次に、授業担当者間で自由にアイディアを出し合い、子どもたちが興味をもち、自由な発想で形作りができる「怪獣作り」に取り組むことを考えた。新聞紙をねじる、折る、貼るなどして肉付けし、1メートルほどの大きな怪獣を作ることにした。

　題材計画は、一次では、「ねじる、折る、貼るなどの活動を存分に味わうこと」、二次では、「形を作ることに目を向けて顔、体、しっぽを作ること」、三次では、「自由に色塗りをして怪獣を作ること」とした〈表3〉。

次	一次	二次				三次
授業題目（時数）	チームで協力して、新聞紙を丸めたり、ねじったりして怪獣を作ろう（2時間）	チームで協力して、新聞紙をつなげたり、束ねたりして怪獣の頭を作ろう（2時間）	チームで協力して、新聞紙をつなげたり、束ねたりして怪獣の体と腕を作ろう（2時間）	チームで協力して、新聞紙をつなげたり、束ねたりして怪獣の脚としっぽを作ろう（2時間）		チームで協力して、筆やローラーを使って怪獣を塗ろう（2時間）
どんなしかたで	・ねじる、丸める、押す、結ぶ、細長く破る、巻き付ける（指・物など）、輪にする、形を作る（○△♡など）、棒状にし折り曲げる	・ねじる、折る、結ぶ、細長く破る、巻き付ける（指・物などを）、輪にする、形を作る（○△♡など）、棒状にし折り曲げる	・つなげる ・束ねる ・積み上げる			いろいろな色を使って、筆やローラーで塗る
学習活動と教師の働きかけ	・教師の手本を見て、ねじる、丸める、押す、結ぶ、細長く破る、巻き付ける（指・物など）、輪にする、形を作る（○△♡など）、棒状にし折り曲げるなどのしかたをする	・教師のしかたを見て、いろいろな作り方を知って作る	いろいろな形を組み合わせるしかたを知って作る	いろいろな組み合わせの見本から、自分の好きなしかたを選んで作る		絵の具で各パーツに見合う色を選び、塗る

〈表3〉「チームで協力して怪獣を作ろう」の題材計画

D 単元における習得・活用・探求

Point 3 子どもの興味・関心を高める導入を取り入れる

児童たちに怪獣を作ることを伝え、怪獣の骨組みを登場させて興味・関心を高めた〈写真1・2〉。

〈写真1〉首としっぽの長い怪獣の骨組み

〈写真2〉頭の大きい怪獣の骨組み

Point 4 教師が活動のモデルを示す

　2チームに分かれて、教師がそれぞれのチームに加わり、子どもたちと一緒に、新聞紙をねじったり、折ったり、丸めたりして、作り方の見本を示しながら、怪獣の骨組みに新聞紙を貼り付ける活動を行った。また、同じチームの児童が上手な作り方をしていることを知らせたり、相手チームがどんどん制作している様子を伝えたりして、友だちの活動に目が向くようにした。

　一次の2時間目では、相手チームよりも早く大きな怪獣を作ろうとする様子や、教師に作り方を尋ねて、長いしっぽを作ったり、怪獣の足を太くしたりする様子が見られた。教師は、活動中に「どうやって作ったの？ 先生に教えて」などと、協力して作るモデルを示すようにした。はじめは教師に作り方を尋ねていた児童や1人で作っていた児童が友だちに聞いたり、自分が作っているものの作り方を教師や友だちに伝えたりする姿が見られた。

　二次からは、肉付けをした怪獣に角や歯、うろこなどを自由に作って貼り付ける活動をした。一次と同様に、教師が作り方の見本を示すようにしたが、子どもが「何を作ればいいか、わかんなくなってきた」と言い、作り方がわからずに途中でやめてしまうなどの様子が見られた。

C 振り返り

Point 5 子どもの達成状況を振り返り、授業改善する

授業の担当教師が記入する「振り返りシート」は、「今日わかってほしかったこと・できてほしかったこと」「児童の様子」「改善のポイント」「改善後の様子」の項目で構成されている〈表4〉。

対象児童生徒（　　　）		授業者（　　　）	
今日わかってほしかったこと・できてほしかったこと	児童の様子	改善のポイント	改善後の様子
・授業の目標、その時間にできるようになってほしいことを書く	・授業の目標から、「できていたこと」「できていなかったこと」「しなかったこと」などについて書く ・教材のしくみや子ども同士の関わり、場面設定などで気づいたことを書く	・「できていたこと」や「できなかったこと」などの原因や改善策を書く	・改善後の「できたこと」「できなかったこと」などを書く ・教材のしくみや子ども同士の関わりなどについて書く

〈表4〉振り返りシート

　これは、授業を進めるうえで、児童の活動の様子で主に気になった点（学びのつまずき）を記録し、担当者間で授業改善の方向を話し合うために作成する。これによって、学級全体の児童の活動の様子の記録から、教師が作るものと同じものを作ることが多く、自分で何をどのような形で作るかを決めていないことが共通理解できた。そこで、怪獣のどの部分に対してどんな形のものを作るかを自分で決める手助けとして、怪獣のイラストと怪獣のパーツの見本を準備するようにした〈写真3・4〉。また、新聞紙だけでは、形を作りにくいことから、丸や三角、四角などいろいろな形の段ボールを準備した。

　さらに、同じチームの教師との関わりが多いことにより、友だちが作っている様子に目が向きにくいのではないかと考えた。そこで相手チームと同じ場所で作り、お互いに作る様子が見合えるように学習環境を変更した。

　また、作ったものをすぐに怪獣に貼り付けて出来上がる様子を見ることで活動を続けることができる児童は、怪獣の近くで制作できるようにした。

〈写真3〉怪獣イラスト　　〈写真4〉パーツ見本

A 次時へ向けて

Point 6 授業改善後の評価をもとに再検討する

　主体的・対話的で深い学びの視点により、授業改善が的確になされたかを確認するために、振り返りを行った。

◎主体的な学び／対話的な学び

　本実践では、児童たちの興味・関心を引きつける教材として「怪獣作り」を設定したことで、自分から作る、続けて作るなどの主体的な姿を引き出すことができた。

　作り方や作りたいものがわからず、活動が停滞した際に、作り方や作りたいものをイメージできる怪獣パーツなどを準備することで、自ら組み合わせ方を工夫して制作するなど、主体的に取り組む姿につながった。

　異なるチームに分かれながらも一緒に作る場面を設定したことで、子ども同士で教え合って作る様子が見られた。自分が気づかなかった作り方をしている友だちを見つけると、「すげー。どうやって作ったん？ 教えて」など、自然に声をかけることが増えた。

　教師から認められるだけでなく、子ども同士で認め合うことで、自信や自己有用感が育っていくと感じた。

◎深い学び

　主体的な学びを土台とし、対話的な学びをとおして、作り方を知ったり、自分で工夫して作り方を考えたりするなどの深い学びにつながった。

　怪獣パーツをヒントにしていた子どもが、新たに四角と丸を組み合わせてカメラを作り、「怪獣さんが写真撮ってる。パシャ！」と見立て遊びをしていた。

　また、新聞紙を長くねじって髪の毛を作ったり、メスの怪獣を作ったりするなど、作るうちに段々とイメージを膨らませながら制作する姿がどの子にも見られるようになった。

【その後の活動】

　怪獣パーツを怪獣のイラストに付け、どの部分にどんな形の物を作るか決めてから制作する方法を紹介した。すると、いろいろな形を組み合わせて爪や歯などのパーツを作り出す様子が見られた。また、パーツの作り方について、チームに関係なく、作っている子に尋ねたり、友だちに教えたりして作る様子が見られた。

　出来上がった怪獣には、「ガンダム怪獣」や「かわいい怪獣」などと名前をつけていた。「ここはかわいいピンクにしよう」と作りたい怪獣のイメージをもって色塗りをする様子も見られた。

PDCA チェックシート

P ⑪のPoint1 ☐　⑪のPoint2 ☐　　**D** ⑪のPoint3 ☐　⑪のPoint4 ☐
　〇のPoint ☐　〇のPoint ☐　　　〇のPoint ☐　〇のPoint ☐

学部：小学部　　教科：図画工作
単元・題材：チームで協力して怪獣を作ろう

〇子どもたちにその単元で何を育てることが目標？（評価できるよう具体的に）
・表現活動に興味をもち、書く、ちぎる、くずすなどをもとに、作品を作る。
・児童が作品を作る過程で、お互いの作品に関心をもって見る。

〇どのような指導内容？
・チームで協力して、新聞紙を用いて怪獣を作り、筆やローラーを用いて怪獣に色を塗る。

〇**主体的・対話的で深い学びの実現を目指して、どんな指導の手立てを使う？**
・部屋を大きく使い、大きな怪獣ができるようにした。
・新聞紙を丸める、ねじるなどの活動をとおして怪獣ができるようにした。
・教師は協力して怪獣を作るモデルを示すようにした。

〇学習評価の結果は？（目標に基づく）
・児童が作り方を友だちに聞いたり、自分が作っているものの作り方を教師や友だちに伝えたりする様子が見られるようになった。
・「何を作ればいいか、わかんなくなってきた」と、途中で作成をやめてしまうことや、教師が作るものと同じものを作ることが多く、児童が自分で何をどのような形で作るか決めていないと考えられた。

〇**評価結果から単元後半の授業改善は？**
・怪獣のイラストと怪獣のパーツの見本を用意し、児童がどんな怪獣のどの部分を作るのかイメージがもてるようにした。

主・対・深 12 子どもの様子から内面を推察する

教師を主語として記録をとり、事後研究会を定期的に行おう！

実践概要 かるたを作り、作ったかるたでかるた取りをした。作成時の工夫や枚数を数える方法などの子どもの「気づき」を尊重し、そこから学び合えるように授業を改善した。

実践報告 山科平恵（山形大学附属特別支援学校） | 小学部 | 国語・算数

　　【主体的な学び】児童がこれまでに経験した校外学習などをもとに、かるた作りとかるた取りを行うことで、文字の読み書きや計算のしかたを意欲的に学んだ。

【対話的な学び】教師とペアになったり、児童同士でグループとなったりしながら、かるた作りやかるた取りを行った。それにより、児童がほかの児童の気づきや行動から学び、自分の活動に生かすことができた。

【深い学び】絵本の読み聞かせ、かるた作り、かるた取りを繰り返し行うことで、新しい言葉の読み書きや、数のまとまりなどに着目した数え方を学んだ。

【ツール】「事後研究会の進め方」を確立し、振り返りの手順を明確にしている。

P 教育ニーズの把握・単元設定

　本校の小学部では「国語・算数」という各教科等を合わせた指導を、5年生3名、6年生3名の計6名で行っている。知的障害の程度はさまざまであり、自分の要求を言葉や身振り、腕引きなどで伝える児童や、心に残った出来事や自分の気持ちを言葉で伝える児童がいる。教師や友だちとのやりとりをとおして考えの同異や新たな視点に気づき、さまざまなことを感じながら言葉を覚えたり、相手の考えに関心を向けたりするようになってきていた。

　文字の読み書きには、苦手意識をもつ児童が多い。書字はほとんどの児童がひらがなの清音を習得中であり、濁音や半濁音、促音などは、身近な掲示物を手がかりとして書いている。語のまとまりを意識して読むことに課題がある児童が多い。

　数に関しては、具体物を指さしながら10までの数を唱える、50程度の具体物を数えるなど、さまざまである。ほとんどの児童は、2つの数を比較して大小がわかる。

Point 1　子どもの学習状況や興味・関心に基づき指導内容を設定する

　本単元では、児童がそれまで経験した校外学習や行事などに関する写真やイラストをもとに、かるた作りとかるた取りを行った。それらは、「文字を書きたい」「読みたい」「聞きたい」「何枚取れたのかを数えたい」など、児童が意欲をもち、言葉や数を学ぶことのできる題材であると考える。児童が、読み書きの楽しさや数を学ぶ楽しさを感じて学習できる授業を目指した。

Point 2　資質・能力の3つの柱を軸に単元目標を設定する

【知識・技能】
　経験したことや身近なことに関する言葉がわかるとともに、数に対する感覚を豊かにし、数えたり計算したりする。

【思考力・判断力・表現力等】
　視覚支援や身近な人とのやりとりなどを手がかりに、伝えたいことを思い浮かべて表現するとともに、数に着目して自分なりの方法で数えたり計算したりする。

【学びに向かう力・人間性等】
　言葉によるやりとりの中で、表現する楽しさ、数えることや計算することへの関心をもち、学んだことを生活や学習の中で生かそうとする。

Point 3 具体的に活動の流れをイメージしながら単元計画を立てる

　主体的・対話的で深い学びの視点を下記のように設定し、それをもとに〈表1〉の単元計画を設定した。

◎主体的な学び
- 単元の学習予定を提示し、毎時間の活動を同様の流れで行うことで見通しをもち、わかったことやできるようになったことを自分で進められるようにする。
- 毎時間、かるた取りや、友だちと作ったかるたを見せ合う、取った枚数を数えるという学習を設定することで、「こんなことを書いたよ」「次はこんなふうに(取り札を)書きたいな」「もっとたくさん取りたいな」など、学習を自分で振り返りながら次時へつなげられるようにする。
- 単元の過程でひらがな一覧表を提示することで、「こんな文字も書きたい」という思いをもち、これまで学んだことをもとに、言葉を考えられるようにする。

◎対話的な学び
- 教師とペアになったり、友だちとグループになったりして、わかったことやわからないことなどを聞き合う、伝え合うなどのやりとりを繰り返すことで、新しい言葉や文の書き方、数え方、計算方法に気づく。
- 既学習をもとに自身の学びを広げ、深めながら学習に取り入れることができるようにする。

◎深い学び
- 絵本の読み聞かせやかるたを作る活動を繰り返し行うことで、周囲の情報や前時に覚えたことを生かし、文字の読み書きや数詞と数字、数のまとまり、数量に着目しながら表そうとする。

教時		学習活動
1	①やってみよう	・読む人と取る人を決め、数名のグループに分かれて既存の札でかるたをする。 ・取った枚数を数え、ホワイトボードに書いたり、みんなに伝えたりする。
2 3	①えほん ②かるたを作ろう ③やってみよう	・ひらがな46音に関する絵本を見聞きする。 ・写真やイラストを見て、数名ずつに分かれて読み札を一人ひとり作る。 ・作った札でかるたをする。 ・取った枚数を数え、ホワイトボードに書いたり、みんなに伝えたりする。
4 5	①えほん ②やってみよう	・ひらがな46音に関する絵本を見聞きする。 ・読む人と取る人、グループを決め、作った札でかるたをする。 ・取った枚数を数え、ホワイトボードに書いたり、順位をつけたりする。
6 7 8 9 10 11	①えほん ②こんなにたまったよ ③かるたを作ろう ④やってみよう	・濁音、半濁音に関するオリジナル絵本を見聞きし、清音に濁音、半濁音を付け、絵に合った名前をつくる。 ・ひらがな一覧表に、これまで作った札の頭文字を貼る。 ・写真やイラストを見て、数名ずつに分かれて読み札を一人ひとり作る。 ・読む人と取る人、グループを決め、作った札でかるたをする。 ・取った枚数を数え、ホワイトボードに書いたり、順位をつけたりする。
12 13	①やってみよう	・読む人と取る人、グループを決め、作った札でかるたをする。 ・取った枚数を数え、ホワイトボードに書いたり、順位をつけたりする。

〈表1〉単元計画

単元における習得・活用・探求

Point 4　子どもが既習の内容を活用できるようにする

　1教時目は、既存のかるたを使って児童がかるたのやり方を思い出したり、知っていることについて伝え合ったりする時間とした。実態の異なる児童それぞれが楽しめる場となるように、友だちとのグループや教師とのペアで活動を行った。

　2教時目は、既存のかるたを見ながら、かるたの書き方を全員で考えた。かるたには「読み札」と「取り札」があること、読み札と取り札には同じ頭文字を書くことなどに気づき、作り方を学んだ。全員で同じ写真を使って読み札を書く活動を行い、同じ写真でもたくさんの言葉があり、どんな言葉を使ってもよいと知る時間となった。

　3教時目からは、1、2教時に覚えたことを使って自分たちでかるた作りを進めた。児童は、かるた作りにとても興味をもったようで、学習の流れをすぐに覚え、自分たちで学習を進めていくようになった。

自分のペースで学習を進めて自信を深めたAくん
～主体的学びによる気づき～

　Aくんは、ひらがな清音は想起して書くことができるが、自信がもてず、教師とやりとりをしながら読み札を作っていた。そこで、Aくん用にひらがな一覧表を用意し、教材を使って操作したりやりとりしたりする活動を授業の最初に必ず取り入れるようにした〈写真1〉。

　繰り返し行う中で、少しずつわかることやできることをみんなの前で伝えられるようになった。みんなに認められる中で自信や楽しさを感じ、意欲的に学習に向かうようになった。かるた取りをする中で、「ぼく、書きたい」と教師に伝えることがあり、本時の学習を変更し、Aくんの気持ちに寄り添いながら学習を進めた。困って教師を呼ぶこともあるが、自分で文字を書こうとする姿が増えた。

　Aくんは、文字がわからなくなると、「『ひ』……あっ、〇〇の『ひ』だ」と、ほかの言葉から連想することで文字を想起したり、「ごごご……『こ』に点々」と自分の声を手がかりにして濁音、半濁音を書いたりするようになった。

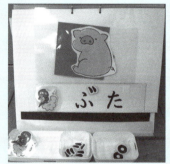

〈写真1〉自作の濁音・半濁音教材。イラストを見て点や丸を付ける

単語のみから文で表すようになったBさん
～対話的学びによる気づき～

　Bさんは、1教時目のときの読み札はすべて単語で書いていた。かるた取りで友だちのかるたを見聞きしたり読んだりするときに、頭文字が同じ取り札が何枚もあり、「どれが当たりの札なの？」と考えていた。「どうする？」という教師の発問に「んー」とうまく言葉にできなかったBさんだが、次時のかるた作りでは、2語文で書くなどして、頭文字が同じにならないように工夫する姿があった。

　1人では気づかなかった課題も、友だちとかるたを共有する場により、「単語で書くと、同じような札がたくさんあって困る」ことに気づき、自分なりに工夫する姿が見られた。さらに、気に入った札を友だちが伝えたり、教師が紹介したりすることで、助詞をつけるとよりわかりやすい読み札になることを知り、助詞も書くようになった〈写真2〉。

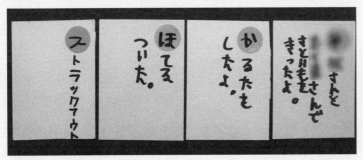

〈写真2〉取り札の変容（左から右へと変化）

数字の比較からたし算へ発展させたCさん
～主体的学びによる気づき～

　かるた取り後に、獲得枚数を数え、「結果」と書かれた項目に順位をつけた。これまでに表を使った学習は積み重ねており、書き方はすでに学習済みだった。

　Cさんは、複数の数字を比べ、順位をつけていたが、かるた取りを2回したあとで、「1回目と2回目の枚数を足したら、1位になれる」と考えた。そしてホワイトボードに式を書き、たし算を始めた。数字の下に点を書き、以前の教師のやり方を思い出しながら1人で行った。

　教師が、「見て見て、Cさんがたし算を始めたよ」と、Cさんの気づきを全員に伝えた。するとDさんが、「わたしもたし算してみたい」と計算を始めた。自分の気づきが認められたり、友だちがまねたりするうれしさから、自らさまざまな場面で計算する姿が見られるようになった。

振り返り

Point 5　教師を主語として子どもの様子を記録し、その内面を推察する

　本校では、外見上では見えない児童の内面の変容を捉え、より適切な指導・支援を探り、次時の学習に生かすことができるように、教師を主語とした記録を日々行っている〈表2〉。

3時間目（○月△日）

絵本	あいうえおの本の「は行」と「ま行」。頭文字の言葉を強調した読み方をして3回目。これまでずっと黙って聞いていたAくんが、頭文字に「ひ」と私が言うと、「平恵先生の『ひ』だ」と伝えてきた。言葉探しゲームのようにみんなにも広がるかもしれないと考え、「おっ、そうだね！平恵先生の『ひ』だね」と称賛すると、「○○（友だちの名前）もあるよ」と知っている言葉を伝えた。周りの友だちもまねて、「こんな言葉もあるよ」とたくさんの言葉を出し合った。自分の気づきをきっかけに友だちがまねてくれたことがうれしかった様子であった。
かるた	今日もはじめは札を「1人3枚からね」という話をした。昨日はたくさん札を取っていたので、「どのようにするのかな？」と思って見ていると「ぼくは全部！」と言った。「全部書きたいのね。でも1人3枚と話をしたと思うけれど」と伝えてみると、「あっ、そうか、ごめん、ごめん」と言って3枚の札を取った。数はわかっているけれど、「書きたい」という意欲が高く、「全部」と伝えてくるのだろう。ペンの準備や気になることなどがあり、書き始めるまでに今日も時間がかかった。しかし、Aくんが学習に向かう気持ちをつくっている時間なのかもしれないので、しばらく様子を見ていこうと思う。昨日書いた読み札を再度教師と読み直した。そこから写真を見て、今日はどの札から書くのかを自分で決めた。時計を示すと、比較的すぐに気持ちを切り替え、書こうとする様子が見られた。書くときは教師をそばに呼び、書きたいことを伝えながらゆっくり1文字ずつ書いた。濁点のときは「ほ」「ぽ」など教師が口にすると「てんてん？」と言って濁点を付けられるようになった。濁る音は「点々を書く」ということは、音声でなんとなく理解し始めているような気がする。間違えて書いてしまったときは白い紙を貼り、書き直すやり方を覚え、間違えると自分で紙を貼って書き直すようになった。覚えたことは友だちにも伝えたい様子で、友だちが間違えたときに、さっと立って「これだよ」と白い紙を貼ってくれた。何度も書き直し、粘り強く活動に向かっている。「ボウリング　みてる」と3枚書いた。

〈表2〉日々の記録　Aくんの例

Point 6　事後研究会を行う

　日々の振り返りは、授業者の書く記録や授業のビデオ視聴をもとに、担任間で話し合いながら行っている。さらに、毎週水曜日を「研究・研修の日」としている。

　事後研究会は、学部の教師を対象に、単元の半ばと最後など、単元中に数回設定している。研究会当日は、〈表3〉の手順に沿って進めている。

	項目	時間
準備	ビデオ視聴、付せん記入	60分
事後研究会	1．自評	3分
	2．協議Ⅰ	60分
	子どもの学習の様子から目標である資質・能力の3つの柱に関わる本時の学びについて語り合う	
	3．協議Ⅱ	15分
	本時の子どもの姿と指導案をもとに本日の授業改善につながると思われる「主体的・対話的で深い学び」について語り合う	
	4．授業者の振り返り	3分

〈表3〉事後研究会の進め方

A 次時へ向けて

Point 7 単元設定時と同様の視点で子どもの姿を捉え、検証する

単元計画の設定を行ったときと同様に、主体的・対話的で深い学びの視点により、本時の児童の姿をもとに授業改善が的確になされたかを事後研究会で検証した。

◎主体的な学び

- 教師が作ったかるた入れを各自に用意し、見たいときに見ることができるようにしたことで、前時に作った札を手がかりに札を作る姿が見られた。
- 作った札を数えたり読み返したりなどして学習を振り返り、手応えを感じていた。

→ **授業で作ったかるたを自分で振り返ることができると、よりよいかるた作りや学びを深めることにつながると考えられた。**

- 単元の半ばでひらがな一覧表を掲示すると、「こんな文字も書いてみたい」という思いをもったり、文字をうめていく喜びを感じたりしながら、文字を書いていた。

→ **これまでに使ったひらがなを振り返ることができると、学習への達成感をもて、文字を書くことや数についての意欲につながると考えられた。**

◎対話的な学び

- 友だちや教師とグループになり、わかったことやわからないことなどを聞き合ったり、伝え合ったり、見合ったりするようにしたことで、かるたの書き方の工夫、さまざまな計算の場面があることやその方法に気づく姿が見られた〈写真3〉。

→ **教室内を自由に行き来し、友だちの姿が見える配置にすると、自然な関わりや、友だちの考えから学んだり気づいたりすることが増えると考えられた。**

〈写真3〉活動の様子

◎深い学び

- さまざまな活動の中で、教師が児童の言動をもとに発問や言葉かけをしたり、友だちの考えに向き合う時間をつくったりしたことで、「どうしてそうなったのか」「そうなるのか」を考えながら、これまでに覚えたことを使って学習の中で考えようとする姿が見られるようになった。

→ **自分の考えを振り返ったり、それらを表現したりする場面があると、学んだことが自分のものとして定着していくと考えられた。**

P	⑫の1 ☐ ⑫の2 ☐	D	⑫の4 ☐ ○の ☐
	⑫の3 ☐ ○の ☐		○の ☐ ○の ☐

学部：小学部　　教科：国語・算数
単元・題材：かるた作りとかるた取り

○子どもたちにその単元で何を育てることが目標？（評価できるよう具体的に）
・経験したことや身近なことに関する言葉がわかるとともに、数に対する感覚を豊かにし、数えたり計算したりする。
・視覚支援や身近な人とのやりとりなどを手がかりに、伝えたいことを思い浮かべて表現するとともに、数に着目して自分なりの方法で数えたり計算したりする。
・言葉によるやりとりの中で、表現する楽しさ、数えることや計算することへの関心をもち、学んだことを生活や学習の中で生かそうとする。

○どのような指導内容？
・既存の札でのかるた取りをする。
・かるたの絵札を作る
・作った札でのかるた取りをする。

○主体的・対話的で深い学びの実現を目指して、どんな指導の手立てを使う？
・個々の児童のかるた作成、かるたでの遊びに必要な教材や道具を用意した。
・ひらがなを書くことが苦手な児童には、ひらがな一覧表を用意した。
・ホワイトボードを用意して、かるたで取った枚数の計算などに用いた。
・活動の中での児童の気づきをほかの児童にも伝えて、気づいた児童が認められたり、ほかの児童がよい影響を受けたりする場面をつくった。

C	⑫の5 ☐ ⑫の6 ☐	A	⑫の7 ☐ ○の ☐
	○の ☐ ○の ☐		○の ☐ ○の ☐

○学習評価の結果は？（目標に基づく）
・それぞれの生徒が札を作ることができるようになり、作ったかるたで遊ぶ様子が見られるようになった。

○評価結果から単元後半の授業改善は？
・授業で作ったかるたや使ったひらがなの振り返り、友だちとの自然な関わりが生まれる配置、自分の考えを振り返り表現する機会、などの工夫が必要であると考えられた。
・作ったかるた入れ、ひらがな一覧表の用意、友だちや教師とのグループ活動、さまざまな場面での教師による発問や言葉かけなどを工夫した。

主・対・深 13 体系的な研究協議を行う

子どもの実態と教師の関わりを整理・分析し、指導改善につなげよう！

実践概要 体の動かし方を身につける「アスレチックに挑戦」を行った。教師間で支援方法の共有や研究協議を行い、一貫した指導を行えるようにした。

実践報告 荒井勝紀（埼玉県立行田特別支援学校） | 小学部 | 体育

解説

【主体的な学び】児童の実態把握をもとに、取り入れる運動や学習の流れを決めたことで、児童の発達段階にあった学習内容となった。

【対話的な学び】教師は関わり方（プロンプト方法）を具体的に決め、児童は運動活動それぞれを教師とのやりとりから学んだ。さらに、児童が成果を発表する場面を設定し、教師やほかの児童から称賛を受けられるようにした。片づけでは児童がペアとなり活動することを促した。

【深い学び】このような活動をとおして、児童は器機・器具に応じた体の動かし方を学んだ。また、児童が自ら体の動かし方を考えられるように視覚的な手がかりを活用することで、児童が自分にできる体の動かし方に気づき、行えるようになった。

【ツール】「授業検討の研究協議」の方法を明確にしている。

P 教育ニーズの把握・単元設定

　本校の小学部低学年の児童（男子30名、女子10名）は、自閉的傾向の児童が多く、認知発達は、太田ステージではステージⅠ～Ⅴにわたっていた。
　運動面においても、実態が多様であり、児童によって使用するべき器械・器具の特徴が大きく異なると考えられた。そこで、まずは運動能力の実態把握を、MEPA-RやCLM、NCプログラムなどの運動面に関するアセスメントの項目を参考に行った。

Point 1　実態把握に基づき、グループや指導内容を設定する

　アセスメント結果に基づき、児童を3つのグループに分けて本単元を実施した。運動面において課題が多いと考えられた児童グループの、主な学習活動と授業の流れは以下のとおりである。
① あいさつ、学習の流れの説明
② 「ジェットコースター体操」（しゃがむ、立つ、前屈、後屈、片足立ちして手足ぶらぶら、ジャンプ）
③ リズム（歩く、後ろ歩き、走る、うさぎ、おうま）
④ サーキット運動（ドレミマット、巧技台階段、ロイター板ジャンプ、アーチくぐり、ミニハードル）
⑤ 片づけ
⑥ 振り返り、終わりのあいさつ

Point 2　教師が子どもにつけたい力を系統的に整理して、目標を設定する

　課題を設定するに当たっては、「カード整理法」というカードなどにアイディアを書き込み、それらを統合・図解化して整理する方法を活用した（私たちは、付せんを使用）。それにより、担当する教師たちがグループにおけるつけたい力を抽出し、指導計画を立案した〈表1〉。

次（配時）	小題材名および目標	主な学習活動	評価規準	評価の観点 知	思	主
一（2）	どうやって越えたらいいかを知ろう・器械・器具に応じた体の動かし方を知ることができる。	サーキット運動・ドレミマット・巧技台階段・ロイター板ジャンプ・ボール入れ・アーチくぐり・ミニハードル	・器械・器具に応じた体の動かし方を知ることができる。（詳しくは〈表2〉を参照）	○		
二（4）	自分の力でやってみよう・器械・器具に応じて、自ら体の動かし方を変えたりすることができる。		・教師の支援が少なくなっても、器械・器具に応じて自ら体の動かし方を変えたりするなど、自主的に取り組もうとすることができる。		○	○
三（1）	発表会をしよう・意欲的に発表することができる。	得意なこと、頑張ったことの発表	・これまで習得した動きを生かして、得意な動きや頑張った動きを発表することができる。		○	○

〈表1〉指導計画

Point 3 授業改善で重視したいポイントを整理する

　学習指導要領を踏まえ、特に以下の3つの点を重視して実践を行った。
① 児童たちの疑問や課題を捉えて、対話的な指導・支援につなげたこと
② そこで培った知識や技能を活用し、主体的な学びにつなげていけるよう、教師と児童の関わり方を工夫したこと
③ 「主体的・対話的で深い学び」の視点を取り入れた教師間の協議により授業改善したこと

D 単元における習得・活用・探求

Point 4 評価表を活用して教師間で支援方法の共通理解を図る

　初めての課題であったため、児童によっては、巧技台階段やアーチなどで「どうすればいいんだろう？」と立ち止まったり、教師の顔をのぞき込んで、「これでいいの？」と、確認するような姿が見られたりした。これらの姿に対して、教師は丁寧に関わり合うよう心がけ、適宜、身体的な支援を織り交ぜ、障害物の越え方を「対話的に」伝えられるよう指導した。
　また、どの教師もそれぞれ同じような視点で指導に臨むことができるよう、授業前に118ページの〈表2〉の評価表で指導における支援のステップを教師間で共有した。

	評価のポイント	✓
ドレミマット	前方から両手を支えたり、後方から両肘を支えたりするなどの支援を受けながら、1つのドレミマットを上り下りすることができる	
	側方から両手を支えたりするなどの支援を受けながら、1つのドレミマットを上り下りすることができる	
	側方から片手を支えたりするなどの支援を受けながら、1つのドレミマットを上り下りすることができる	
	側方から手を添えたりするなどの支援を受けながら、1つのドレミマットを上り下りすることができる	
	教師の支援を受けなくても、1つのドレミマットを上り下りすることができる	
	教師の支援を受けながら、ドレミマットの上に立ち、片方の足を次のドレミマットに乗せたり、ドレミマットの方向に足を伸ばしたりすることができる。	
	前方から両手を支えたり、後方から両肘を支えたりするなどの支援を受けながら、ドレミマットの上を渡ることができる	
	側方から両手を支えたりするなどの支援を受けながら、ドレミマットの上を渡ることができる	
	側方から片手を支えたりするなどの支援を受けながら、ドレミマットの上を渡ることができる	
	側方から手を添えたりするなどの支援を受けながら、ドレミマットの上を渡ることができる	
	☀教師の支援を受けなくても、ドレミマットの上を渡ることができる	
巧技台	前方から両手を支えたり、後方から両肘を支えたりするなどの支援を受けながら、巧技台を上り下りすることができる	
	側方から手を回すように両手を支えたりするなどの支援を受けながら、巧技台を上り下りすることができる	
	側方から片手を支えたりするなどの支援を受けながら、巧技台を上り下りすることができる。	
	側方から手を添えたりするなどの支援を受けながら、巧技台を上り下りすることができる	
	☀教師の支援を受けなくても、巧技台を上り下りすることができる	
ロイター板	手を添えたりするなどの支援を受けながら、ロイター板の上を歩くことができる	
	支援を受けなくても、ロイター板の上を歩くことができる	
	前方から両手を支えながら、跳躍の感覚を意識することができるように一緒に手を振ったりするなどの支援を受けながら、ロイター板の上でジャンプすることができる	
	ジェスチャーや言葉かけなどの支援を受けながら、ロイター板の上でジャンプすることができる。	
	前方から両手を支えながら、跳躍の感覚を意識することができるように一緒に手を振ったりするなどの支援を受けながら、ロイター板の上から床へジャンプすることができる	
	側方から片手を添えたり、支えたりするなどの支援を受けながら、ロイター板の上から床へジャンプすることができる	
	ジェスチャーや言葉かけなどの支援を受けながら、ロイター板の上から床へジャンプすることができる。	
	☀支援がなくても、ロイター板の上から床へ両足でジャンプすることができる。	
ボールシュート	手を添えて、入れ口に近づけるなどの支援を受けながら、ボールを入れることができる	
	ジェスチャーや言葉かけなどの支援を受けながら、ボールを入れることができる	
	☀支援を受けなくても、ボールを入れることができる。	
	離れた位置から、入れ口に向かってボールを投げることができる	
アーチくぐり	支援を受けながら、アーチの下を四つ這いでくぐることができる	
	支援を受けなくても、アーチの下を四つ這いでくぐることができる	
	くぐる姿勢(中間位)を意識することができるよう、背中や頭に手を添えたりするなどの支援を受けながら、アーチの下をくぐることができる。	
	くぐる姿勢(中間位)を意識することができるよう、言葉かけをしたり、見本を見せたりするなどの支援を受けながら、アーチの下をくぐることができる。	
	支援を受けなくても、アーチの下をゆっくりくぐることができる。	
	☀支援を受けなくても、アーチの下をある程度スピードを保ちながらくぐることができる。	
ハードル	足を上げるタイミングがわかりやすくなるよう、前方から両手を持って上半身を浮き上がらせるよう支えるなどの支援を受けながら、ハードルを越えることができる	
	側方から手を持ったり、肘を支えたりしながら足を上げるタイミングに合わせて上半身を浮き上がらせるよう支えるなどの支援を受けながら、ハードルを越えることができる	
	側方から手を添えたりするなどの支援を受けながら、ハードルを越えることができる	
	指さしや言葉かけなどの支援を受けながら、ハードルを越えることができる	
	支援を受けなくても、ハードルを越えることができる	
	☀ある程度スピードを保ったまま、テンポよくハードルを越えることができる	

〈表2〉ミニオンG サーキット運動評価表 (☀…最終ゴール)

C 振り返り

Point 5 系統的な研究協議に基づき授業改善を検討する

　ここまでの実践を第一次と位置づけ、終了後に担当教師で集まり、授業改善を目的とした研究協議を行った。研究協議の形式は、次世代型教育推進センター（現、NITS独立行政法人教職員支援機構）の研修で提唱されていた手法を、本校に合う形でアレンジしたものである。

【協議で使用した道具】
- 緑、黄、青、赤の付せん
- 2つの円と次の3つのタイトルが書かれたA0サイズの紙
    ① 子どもの主体的に学ぶ姿、対話的に学ぶ姿、深く学ぶ姿
    ② 単元レベルでの授業デザインのよさ
    ③ 本時における授業者の関わりのよさ

【協議の進め方〈表3〉】
（1）次の4つの内容について個人で分析し、内容によって異なる色の付せんに書き込んだ。
- 緑色の付せん：子どもの主体的に学ぶ姿、対話的に学ぶ姿、深く学ぶ姿
- 黄色の付せん：本時における授業者の関わりのよさ
- 青色の付せん：単元レベルでの授業デザインのよさ
- 赤色の付せん：直したいところ、改善点

（2）記入した内容について発表し合いながら、付せんを台紙に時系列で貼っていった。さらに、「カード整理法」の手法により付せんの分類、仲間分け、関連づけを行った〈写真〉。

（3）児童の「主体的・対話的で深い学び」につながる要素を分析・抽出し、全体で共有した。また、改善点（赤色の付せん）や、抽出された要素を充実していくにはどうしたらよいかを話し合い、授業改善を行った。

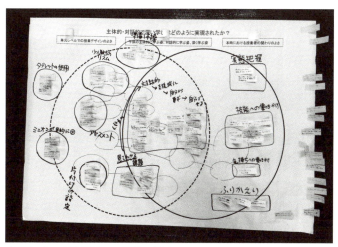

1	個人分析、カード記入	10分
2	発表・協議	15分
3	改善点の考案 個人分析→協議	15分

〈表3〉協議の大まかな流れ　　〈写真〉カード整理法での協議の様子

この協議の結果、本題材の主体的・対話的で深い学びにつながる要素として、「見てわかる課題」「実態把握」「片づけ（協働場面）の設定」「技能への働きかけ（プロンプト＝望ましい行動を引き出すために、指示と一緒に用いられる補助的な刺激）」「振り返り」などが抽出された〈図〉。

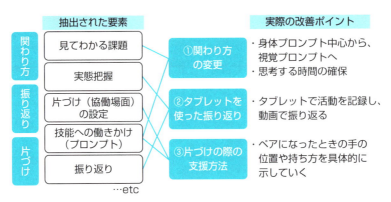

〈図〉協議の内容を整理

　これらの要素について引き続き丁寧に行っていく必要があると、教師間で再確認できた。また、これらの要素を充実させていくため、本題材における指導の手立てとして、以下の3点を取り入れていくこととした。

①関わり方の変更　〜プロンプト① 見てわかる課題・技能への働きかけ〜
　児童の主体的な取り組みを促すことができるように、支援を少なくしたり、身体プロンプトから視覚・言語プロンプトに変更したりしていく。
　また、目の前の課題（障害物）に対して、どのように体を動かしたらいいのかを自ら考える時間をとる。

②タブレットPCを使った振り返り　〜振り返り・実態把握〜
　タブレットPCで活動を録画し、児童の振り返りに使用する。

③片づけの際の支援方法　〜プロンプト② 片づけ（協働場面）の設定・技能への働きかけ〜
　片づけの際は、児童がペアになったときの手の位置や持ち方を具体的に示す。

Point 6　子どもが学習成果を発表する機会をつくる

　これまでの活動成果を児童同士で共有するため、第三次に発表会を実施した。
　教師は、「巧技台でしっかりバランスをとることができて、かっこよかった」「かがむ姿勢が上手になっていた」など、具体的な場面を捉えて称賛するよう心がけた。教師や児童たちから拍手などで称賛され、うれしそうな表情をする児童が多かった。

A 次時へ向けて

Point 7 子どもの授業の様子に基づき、支援を減らす

　研究協議後を実践の第二次と設定し、第一次でどの児童も障害物に応じた体の動かし方に対する見通しをもてるようになってきたことと、協議において「見てわかる課題」と「技能への働きかけ（プロンプト）」という要素が抽出されたことを受け、児童の主体的な取り組みに切り替えていくことができるよう支援を少なくした。

　また、目の前の課題（障害物）に対して、どのように体を動かしたらよいのかを自ら考える時間をとれるよう心がけた。例えば、アーチの中の一部をテープなどで強調するなど、手がかりをわかりやすくして「見てわかる課題」になるようにした。すると、中間位を維持することが難しく四つ這いになりがちな児童の中に、四つ這いにならずに、アーチをくぐり抜けることができる児童が増えてきた。

　このように児童との関わり方を成長に合わせて変化させていくことで、「次はこうやればいいんだ！」と言わんばかりに、自発的に活動に取り組むようになった。

Point 8 活動の様子を撮影した動画により子どもの振り返りを促す

　タブレットで活動を撮影し、動画で振り返った。どの児童も自分の姿が映るとうれしそうに見ていた。その瞬間を逃さずに、周りの教師が共感・称賛していった。

　また、動画を見る教師も、客観的に活動を振り返る機会となり、そこから評価・現在の実態把握・支援の改善へとつなげていった。題材のまとまりを見通して、児童一人ひとりのアクティブな学びをどのように設定していくかを共通理解しながら取り組むことができたと感じている。

Point 9 片づけ活動も子どもの学習機会として捉える

　教師の関わり方についての振り返りは、片づけ活動でも行った。片づけ活動の際に、教師が児童同士ペアになるよう促したりしたことで、協力し合いながら活動に取り組む児童が多かったことがわかった。

　また、教師が終点となる場所に固定して位置することで、教師を目印にして児童同士で器具を運ぶことができる場面が増えた。

| P | ⑬の1 □ ⑬の2 □ ⑬の3 □ ○の □ | D | ⑬の4 □ ○の □ ○の □ ○の □ |

学部：小学部　　**教科**：体育
単元・題材：アスレチックに挑戦

○子どもたちにその単元で何を育てることが目標？（評価できるよう具体的に）
・器械・器具に応じた体の動かし方を知ることができる。
・教師の支援が少なくなっても、器械・器具に応じて自ら体の動かし方を変えたりするなど、自主的に取り組もうとすることができる。
・これまで習得した動きを生かして、得意な動きや頑張った動きを発表することができる。

○どのような指導内容？
・児童を3つのグループに分けて、ジェットコースター運動、リズム、サーキット運動を行った。

○**主体的・対話的で深い学びの実現を目指して、どんな指導の手立てを使う？**
・児童がグループごとに運動できるよう、器械・器具を設置した。
・児童のアセスメント結果から、運動発達に応じた器械・器具を用意した。
・児童にとって難しい運動には、教師が身体的な支援を織り交ぜ、丁寧に教えるようにした。

○学習評価の結果は？（目標に基づく）
・本題材の主体的・対話的で深い学びにつながる要素として、見てわかる課題、実態把握、片づけの設定、技能への働きかけ、振り返りといった要素が抽出された。

○評価結果から単元後半の授業改善は？
・関わり方の改善として、身体プロンプトから視覚・言語プロンプトに変更する。
・タブレット端末を用いて動画撮影して、振り返りに活用する。
・片づけの際に、道具の持ち方などを具体的に示す。

主・対・深 14 自らの授業を客観的に振り返る

授業動画や他教師の視点から授業を見つめ直そう！

実践概要 電子マネー・ICカードを使えるようになるために、実際にICカードを使用する活動を行った。授業の様子を動画分析で振り返ることで、子どもに必要な支援を考えた。

実践報告 佐藤正明（香川大学教育学部附属特別支援学校） | 高等部 | 学校設定教科（職業数学科）

解説

【主体的な学び】単元計画時に目標と評価規準を明確化し、生徒の授業の様子の動画分析から学習状況が検討された。電子マネー・ICカードを活用した買い物や支払いの学習という、計算の学習が生徒にとって身近なものとなる題材を設定している。

【対話的な学び】買い物の学習後の振り返りでは、個々の生徒で概算のしかたや商品を選んだ理由をシートにまとめて発表し合い、概数処理や概算の考え方が共有されている。

【深い学び】さらに、生徒が計算の思考の流れに沿って自ら誤答につながった箇所を確認したり、授業内での生徒の学習機会を増やしたりするよう授業改善されている。こうした活動をとおして生徒たちは、生活内での概数処理や概算の活用などを学ぶことができている。

P 教育ニーズの把握・単元設定

　本校の高等部では、学校設定教科として「職業数学科」を設けている。生徒の社会生活の自立を目指し、職業生活を送るうえで必要な数量や図形に関する理解を深めたり、数量計算のしかたや見当づけの方法などを活用する力を養ったりすることを目的に、仕事場面や社会生活場面を想定した実践的な課題設定をして、習熟度別のグループに分かれて指導を行っている。

Point 1　子どもの実態と現代に求められる力の検討から年間指導計画を作成する

　本単元は、年度始めに職業数学科の年間指導計画の検討を高等部職員全員で行い、新たに「電子マネー・ICカードでの支払い・取り扱い」という内容で追加したものである。追加理由として、公共交通機関の利用や買い物の場面で、今後は電子マネーなど現金以外で支払う機会が増えるという時代的背景や、現金でのやりとりが必要ないため支払いが簡単になり、使用方法を知っていれば便利であるといった点があげられた。

　また、実際に本校の生徒のエピソードとして、校外学習などで買い物をした際、レジで現金を出すのに時間がかかってしまったことや、切符を電車の中でなくしてしまったということが出され、学校生活段階から電子マネー・ICカードでの支払い・取り扱いについて学習する機会は必要であるという意見にまとまった。

現金払いに苦戦

電車で切符をなくした

Point 2　学習グループの実態をもとに指導目標・内容を選ぶ

　今回授業を行ったグループは、最も習熟度の高いグループであり、ほとんどの生徒は一の位が0の3位数のたし算をほぼ正しく計算でき、合計が1000円以下の現金での買い物であれば、どの生徒もある程度はできていた。

　再度、職員間で話し合いの場をもち、このグループで「電子マネー・ICカードでの支払い・取り扱い」についての指導内容をどのように扱うかを検討した。電子マネー・ICカードの使い方を学習するよりは、使うときに必要な考え方を学習したほうがよいという意見や、現金のやりとりが必要ないので、およその金額で計算をする考え方を身につけることがよいという意見が出され、指導内容を精選した。

そして、本単元では日常生活のさまざまな支払い場面において、予算に応じて100円単位や10円単位でおよその金額を考えたり、概数を用いての計算の見積もりをしたりする学習を取りあげることとした。

　加えて、実際の支払い場面で必要となるICカードの残高表示や商品の値段表示を読み取る学習も取り入れることとした。

単元名
およその金額を考えよう　～私、買い物失敗しないので～

単元目標
必要な情報を読み取り、概算をして、予算に応じた金銭の使い方を考えることができる。

単元計画

第一次	電子マネー・ICカードについて知ろう
第二次	いろいろな場面でのおよその金額を計算しよう
第三次	予算を考えて概算しよう

評価規準

【知識・技能】
・値段や残高を正しく読み取ることができる。
・10円や100円単位での概数処理や概算が正しくできる。

【思考・判断・表現】
・自分がした概数処理や概算のしかたを、ほかの生徒にわかりやすく伝えることができる。

【主体的に学習に取り組む態度】
・自分で欲しいものが予算内で買えるように、意欲的に商品を選ぶことができる。
・自分の役割に進んで取り組むことができる。

Point 3　実際の日常場面を想定して、学ぶ必要があるスキルを考える

　指導に当たっては、まず100円単位や10円単位でのおよその金額を考える概数処理を学習することで、予算や商品の値段に応じた概算ができるようにした。そして、概数処理や概算が確実にできるようになるために、ワークシートやクイズブック（ドリル）に取り組む時間を毎時間設けることとした。

　また、学んだことを日常生活で活用できるように、実際に買い物をする場面を想定した活動をいくつか取り入れた。

# 単元における習得・活用・探求

Point 4 日常場面に近い学習設定の中で学ぶ

授業において、3つの活動を設定し、以下の①〜③の順で実施した。

活動① 「買える？ 買えない？ クイズ」
〜画面表示を瞬時で確認して残高を把握する力をつける〜

クイズでは、指導者が生徒にクイズブックに用意したICカードの残高表示画面を模したもの〈写真1〉をフラッシュ形式で提示し、次の手順で概数処理や概算を行った〈写真2〉。
(1) 残高表示を確認する
(2) 値札カードの合計金額が残高で買えるか買えないかを概算して考える
(3) ワークシートに答えを記入する

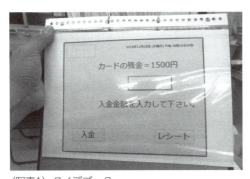
〈写真1〉クイズブック

〈写真2〉活動の様子

【指導の工夫】
・クイズブックは、実際にICカードを使うときに残高を認識しやすくするために、カードの大きさや表示のしかたは実物に近いものにした。
・指導者は1〜2秒程度の時間で残高表示を提示し、残高表示を瞬時で確認できるようにするなど、ICカードを使用する場面にできるだけ近い状況にした。

活動② 「私、買い物失敗しないので コンビニ編」
〜値段表示を正しく読み取り、予算内に収まる概算ができる力をつける〜

日常生活で利用する機会が多いコンビニエンスストア（コンビニ）での買い物場面を想定し、テーマに合わせて予算内で買い物を行う練習に取り組んだ。活動では、ICカード、カードリーダーを実際に使用して活動を行った。グループに分かれ、「買い物をする役」「会計をする役」を交代しながら取り組むようにした。

買い物をする役の生徒は、次の手順で進めた。
（1）ICカードの残高を確認する
（2）予算（残高）内で支払いができるように商品カードを選ぶ
（3）ICカードで支払いをする

【指導の工夫】
・ICカードの残高は、生徒一人ひとり異なる金額に設定しておくことで、生徒それぞれの実態に応じて課題の難易度に差をつけた。
・実生活での買い物に役立つように、実際に売られている商品と同じ値段にする。
・値段表示のしかたをコンビニと同様にすることで、支払う値段（税込表示の値段）を正しく読み取ることができるようにする。
・コンビニの陳列に合わせ、目線の高さに商品カードを並べる〈写真3〉。

活動③ 振り返りをする
　授業の最後には振り返りの時間を設け、およその金額を何円単位で考えたかや概算のしかたと商品を選んだ理由を、概数処理した金額や計算式とともに振り返りシートに書くようにすることで、自分の考えを整理できるようにした。
　そして、予算をもとに自分がどのように概算したのかをほかの生徒に説明する機会をつくり、概数処理や概算の考え方の理解を深めたり、ほかの生徒の考えを認めたりすることができるようにした。

【指導の工夫】
・商品を選んだ理由を考えるときには、生徒の文章表現の実態に応じて選択肢の中から文章を選んだり、提示したキーワードを使って文章を考えたりすることができるよう支援を行った。
・グループ内で自分が行った買い物の内容について発表し合うときには、相手にわかりやすく自分の考えを伝えることができるように、振り返りシートに書いた計算式や説明文を見せながら発表し合うようにした〈写真4〉。

〈写真3〉

〈写真4〉

C 振り返り

Point 5 定期的に授業を振り返り、授業改善につなげる

　授業者以外の職員は実際に授業を参観したり、授業を撮影したビデオを見たりして、週に1回程度設定した「研究の日」に学部の職員全員で授業の振り返りを行った。次の授業に向けて指導方法など改善点を出し合い、授業改善を繰り返した。

授業改善1　活動①のクイズの正誤が自分でわかるようにする

　活動①は、活動②へのウォーミングアップとしての意味合いもあったのだが、答えを間違えたり、計算に時間がかかったりする生徒の様子も見られており、活動②に影響しているのではないかという意見が出された。

　そこで、それまで答え合わせのときに一斉に正解を提示していた方法を改め、生徒が解答したときの思考の流れに沿って、表示された残高や値段に対して一つひとつ付せんをめくって確認することで、どこで間違えたかを確認できるようにした。

授業改善1　活動②の模擬買い物において、商品を選べる機会を増やす

　活動②では、ほとんどの生徒が意欲的に活動に取り組めていたものの、計算が合っているか不安な表情で商品カードを選んでいたり、会計するまでは表情が硬く不安な様子を見せたりする生徒もいることがビデオでの分析をとおしてわかった。

　そこで、自分が買い物をする役ではないときにも商品を選ぶことができ、およその金額で考える概数処理やおよその金額での合計を考える概算をする場面を増やすことで、自分の計算が合っているかという不安を解消することにした。具体的には、買い物をする役や会計をする役以外のときに、商品カードと値段の一覧表の書かれた「私ならこう買うシート」に買い物をする役の生徒と同じ予算で自分ならどのような商品を選ぶかを記入する活動を取り入れた。それにより、4人グループでの買い物練習の場合、それまで1回だけだった予算内で商品を選ぶ機会を増やすことができた。

A 次時へ向けて

Point 6 子どもの学びの様子を動画で分析する

　授業改善後の支援が有効であったか、高等部の職員でビデオ分析により検討した。単元の最初には、特に不安な様子が見られていたAさんは、「私ならこう買うシート」を導入したあとのほうが、買い物をする役のときに商品カードを選ぶ時間が短くなった。

　ほかの生徒についても、買い物の合計金額が予算をオーバーしなくなったり、予算内で商品カードを選べるように、概数処理や概算のしかたを工夫したりする様子が見られた。

Point 7 日常生活の様子の変化を踏まえて授業の学びを評価する

　家族で買い物に行ったとき、予算内で買える商品を選んでICカードで支払うことができたと報告してくれた保護者もいた。また、単元後の校外学習で、初めて実際にコンビニで買い物ができた生徒がいたことからも、本単元の成果が十分に発揮されていたとわかった。

　一方で、授業には、チャージをするという活動を取り入れていなかったことが課題としてあげられた。今後は、さまざまな場面を想定して学習内容を考えていく必要があると実感した。

Point 8 単元評価を年間指導計画の検討に結びつける

　本単元は新たに追加したものであったため、単元終了後、高等部の職員で単元全体の評価を行ったところ、次年度の年間指導計画に生かせる活発な意見交換ができた。

・校外学習や修学旅行などの学校行事で実際に使用する場面を設け、それと関連させて学習を進めてみてはどうか。また単元の実施時期を検討してはどうか。
・ICカードの使用方法を学習するなら、生活単元学習など職業数学以外で授業を行うほうがよいのではないかなど、ほかの教科・領域と関連づけた意見があった。
・電子マネー・ICカードを取り入れると簡単に買い物ができ、買い物をする楽しさを味わいやすいという視点で考えると、小学部段階の買い物学習にも取り入れられるのではないかと、学校全体による系統性のある指導へとつながる意見もあった。

　PDCAサイクルのすべての段階で高等部の職員が話し合う機会をできるだけ多くもち、生徒たちの現在、そして卒業後の生活にできる限り生かせるように検討を重ねたことで、授業以外の場面で生徒が成長した様子を見ることができた。授業をよりよくし、子どもたちの成長を支えるための議論を活発にできる教師集団でありたい。

PDCAチェックシート

P ⑭のPoint1 □ ⑭のPoint2 □　　**D** ⑭のPoint4 □ ○のPoint □
　 ⑭のPoint3 □ ○のPoint □　　　　　○のPoint □ ○のPoint □

学部：高等部　　教科：学校設定教科（職業数学科）
単元・題材：電子マネー・ICカードでの支払い・取り扱い

○子どもたちにその単元で何を育てることが目標？（評価できるよう具体的に）
・値段や残高を正しく読み取ることができる。
・10円や100円単位での概数処理や概算が正しくできる。
・自分がした概数処理や概算のしかたを、ほかの生徒にわかりやすく伝えることができる。
・自分で欲しいものが予算内で買えるように、意欲的に商品を選ぶことができる。
・自分の役割に進んで取り組むことができる。

○どのような指導内容？
・ICカードの残高表示画面を模したクイズブックを用いて、概数処理や概算をする。
・実際にICカードを用いて買い物の練習をする。
・活動を振り返る。

○主体的・対話的で深い学びの実現を目指して、どんな指導の手立てを使う？
・教室をコンビニに模した空間で買い物練習をした。
・買い物練習の際、生徒一人ひとりの実態に合わせてICカードの残高を変え、難易度を調整した。
・生徒が支払いの際には値段表示を見るなど、実際の買い物場面にある手がかりに注目することを促した。

C ⑭のPoint5 □ ○のPoint □　　**A** ⑭のPoint6 □ ⑭のPoint7 □
　 ○のPoint □ ○のPoint □　　　　　⑭のPoint8 □ ○のPoint □

○学習評価の結果は？（目標に基づく）
・クイズで誤答したり回答に時間がかかったりする生徒がおり、それが買い物練習に影響している可能性があった。
・計算が合っているのか不安そうな生徒がいた。

○評価結果から単元後半の授業改善は？
・クイズでは、生徒が回答したときの思考の流れに沿って、表示された残高や値段に対して一つひとつ付せんをめくって確認するようにした。
・生徒が自分が買い物する役でないときに、商品カードと値段の一覧表の書かれた「私ならこう買うシート」を用いることで、概算の練習をする機会を増やした。

主・対・深 15 行動分析の視点を取り入れる

子どもの気になる行動を分析・共有し、指導の工夫を考えよう！

実践概要 子どもの気になる行動を記録し、教師間で共有することで、適切な支援を検討した。子どもが主体的に活動できる内容を設定し、気になる行動を減少させることができた。

実践報告 堂 章世（滋賀県立長浜養護学校）｜中学部｜遊びの指導

解説

【主体的な学び】遊びの学習において、特定の生徒が示していた行動上の問題を分析し、その分析結果を特定の生徒だけでなく、学級全体の学びを促すために活用している。具体的には、生徒の学習内容への注目が持続されるよう、ピエロ役の教師と生徒の興味・関心のある遊び活動が行われた。

【対話的な学び】その学習の中で教師と生徒がやりとりしたり、その様子をほかの生徒が興味をもって注目したりしている。

【深い学び】こうした中で、生徒は教師とのやりとり、ジャグリングでのカウンティングや数の比較、ハテナボックスで物の名称を学ぶというように、興味ある活動の中で学習することができた。

【ツール】「気になる行動対応方法 計画シート」で行動分析を行った。

P 教育ニーズの把握・単元設定

　本実践の対象は、中学部1年生から3年生までの知的障害と自閉症スペクトラムを併せ有する生徒6名が在籍する学習グループである。生徒たちは、1語文〜2語文やジェスチャーなど、自分なりの表現で要求を伝えようとするが、ときには感情的になり、手が出てしまうことがある。教師との関係を支えにしながら、友だちと関わりをもち、自分の要求や思いを適切な方法で伝えたり、他者からの働きかけを受け止めたりすることが中心課題であると考えている。

　Aさんは、「〜してください」と、生活経験から覚えた言葉やフレーズで自分の要求を伝えることができた。物に当たったり、手が出たりすることもあったが、その理由は、相手の行動を不快に感じたときや、自分の思いと違ったときなどであると教師は捉えていた。しかし、1学期末から、近くにいる教師や友だちに対して衝動的に手が出てしまったり、学習中に寝転がったりすることが多くなった。このような行動が起こる理由がわからず、「座りましょう」「先生（授業者）を見て」など、教師のAさんへの指示的な言葉かけが増える一方だった。

Point 1　子どもの気になる行動を客観的に記録して、教師間で共有する

　どのような行動が、いつ・どの場面で見られたか客観的に把握し、教師間で共有するために、Aさんの「気になる行動の記録」をとるようにした。生徒に配布している1週間の予定表を教室内に貼り、そばにペンを置いておくことで、気になる行動に気づいた教師がその都度記入した。気になる行動を、あらかじめ決めておいた記号や印で記入をしていき、必要に応じて具体的なメモ（誰に対して、何をしていて、きっかけになったことなど）を書き添えた。

　毎日の記録を1か月ほど続けたあとに集約すると、「美術」「生活単元学習」では気になる行動の回数が比較的少なく、「体育」「特別活動」「遊びの指導」で、多く見られることがわかった。「美術」「生活単元学習」で気になる行動が少なかった理由は、作品作りや作業など見通しのもちやすさと、個別に取り組む場合が多いことから活動に集中しやすいのではないかと考えた。一方で、「体育」「特別活動」は、2クラス以上で取り組む合同学習だったため、活動時間よりも待ち時間が長くなりやすいこと、集団が大きいために活動に集中しにくいことなどが、気になる行動が多く見られた理由ではないかと考えた。

Point 2 気になる行動の原因と対応方法を記録・検討する

次に、記録から考えたことをもとに、気になる行動への対応の手立てについて「気になる行動対応方法　計画シート」〈表1〉を使用し、教師間で話し合った。

気になる行動対応方法　計画シート

記入日：　　　年　　月　　日　　　　作成者：＿＿＿＿＿＿＿＿＿＿＿＿＿＿＿

シートの対象者：＿＿＿＿＿＿＿＿＿＿＿＿＿＿＿＿＿＿＿＿＿＿＿＿＿＿＿＿＿＿

＊作成にかかった時間：＿＿＿＿＿＿＿＿＿＿＿＿＿＿＿＿＿＿＿＿＿＿＿＿＿＿

Ⅰ．ステップ1：記録からわかった、気になる行動が起こることが特に多い場面を1つ選び、ABCにまとめましょう。＊場面に着目して整理します。

下記の場面：　　　　　　　　　　　　　　　　　　　　　　　　　　のとき、状況

直前の状況（A）	気になる行動の内容（B）	直後の対応（C）

⬇　　　　　　　⬇　　　　　　　⬇

Ⅱ．ステップ2：対応方法を整理しましょう。

直前の状況の工夫 （気になる行動の予防）	指導の工夫 （気になる行動の代わりに伸ばす 行動の指導方法）	対応の工夫 （代わりの行動の動機づけ） （気になる行動への対応）

シートの記入方法
(1) 本シートの記入目的（ABCから状況整理、対応工夫を最低1つ考える）を確認する（1分）
(2) 上記Ⅰを記入する（3〜5分）
(3) 上記Ⅱに対応の工夫を記入する。直前の工夫・教える行動・直後の工夫のそれぞれに最低1つは記入する（5〜10分）
(4) 記入内容を確認する（1分）
＊2週間に1度程度、本シートの内容を再確認する

〈表1〉「気になる行動対応方法　計画シート」　応用行動分析学（ABA）の考え方をベースに作成

Point 3 特定の子どもの行動分析結果を学習グループ全体の授業改善に生かす

当学習グループでは、「遊びの指導」を週2時間実施し、絵本や紙芝居などの読み聞かせをしたあと、盛り上がる場面（鬼を倒すなど）を再現する遊びやゲームに取り組んでいた。

授業中のAさんの気になる行動は、絵本や具体物など注目できるものがあるときや、Aさん自身が活動するときには少なく、友だちが活動している間や自分の活動が終わったあとに多く見られた。ほかの生徒も、読み聞かせの冒頭では注目しているが、しばらくして感覚遊びを始めたり、耳をふさいでうずくまったりと、途中で気持ちが学習からそれてしまうことが多かった。また、ゲームや遊びに対しては意欲的だが、飽きてしまうと次第に作業的にこなすように感じられた。

そこで、Aさんの気になる行動分析から考えた「工夫（気になる行動の予防）」をもとに、これまでの「遊びの指導」の授業を見直した〈表2〉。

工夫（気になる行動の予防）	改善前の様子	具体的な改善方法
①待ち時間を短くする。 ②待ち時間も友だちの活動に注目したり、楽しんだりできるようにする（待っているだけにならないようにする）。	生徒の実態から、できれば1人ずつ活動したいが、1人に時間をかけるほど、後の生徒が待ちくたびれてしまう。また、友だちが活動する姿に注目したり、応援したりすることも難しい。	★1つの活動内容をよりシンプルにする。 ★待ち席の生徒にも役割を与えたり、考えたりできるようにする。
③3つ以上の活動を取り入れることで、学習にメリハリをつけるとともに、見通しをもちやすくする。	これまでの学習では、絵本の読み聞かせのあと、ゲームや遊びに取り組んでいたが、場面の変化が少なく、生徒たちが飽きてしまいやすかったのではないか。	★生徒が主体的に取り組めるような活動を3つ以上取り入れる。 ★衣装や具体物などを工夫し、場面の変化を感じられるようにする。

〈表2〉「遊びの指導」の見直し

Point 4 子どもが主体的に活動できる工夫を取り入れる

生徒たちがより学習に気持ちを向け、主体的に活動できるように、題材名を「できるかな？ピエロからの挑戦」とし、次のようなねらいを設定した。

【知識・技能】
　遊びのルールを理解し、守りながら楽しむことができる。

【思考・判断・表現】
　ピエロ（教師）の働きかけに応えたり、イメージして動こうとしたりすることができる。

【主体的に学習に取り組む態度】
　活動を介して、教師や友だちとのやりとりを楽しむ。

①ピエロの登場とパントマイム　〜見る・まねをする・イメージして表現する〜
- ピエロ役の教師は廊下で待機し、別の教師が授業の始まりのあいさつをする。あいさつのあとにBGMを流し、ピエロ役の教師は、廊下の窓からのぞいたり、教室の後ろから入ったりと変化をつけながら教室に入る。
- パントマイムの前に、風船のイメージをもたせるために、実際に風船を膨らませて見せる。
- 風船を生徒に向けて飛ばしたり、生徒に取らせたりして、やりとりを楽しめるようにする。
- 風船のパントマイムをする。膨らます・弾く・割るなど、さまざまな動きを表現して見せたあと、生徒一人ひとりに風船を差し出すふりをして、やりとりする。

②ジャグリング　〜キャッチする・数える・比べる〜
- 生徒もピエロと同じ衣装を着て取り組むことで、活動への期待感を高める。
- 実際のジャグリングは難しいため、ここでは教師が投げるカラーボールをペットボトルで作ったキャッチャーで受け取る。
- ピエロが投げるカラーボールを落とさず取ったり、別の教師が投げるカラーボールをピエロと競いながら取ったりする。
- 待ち席の生徒も一緒にカラーボールの数を数えたり、比べたりして注目できるようにする。

③ハテナボックス・ハテナ絵皿とピエロのパズル　〜想像する・思考する・書く〜
- 「ハテナボックス」の中に、ぬいぐるみやマスコットを入れておく。興味・関心を引きつけるために、生徒たちが知っている身近なキャラクターや動物を選んでおく。
- 「ハテナ絵皿」〈写真1〉は紙皿が2枚重なっており、ずらしていくと下の絵が見える仕組みになっている。これを使って「ハテナボックス」の中身のヒントを出す。
- 答える順番の生徒が「ハテナ絵皿」で示された物がわかったら、「ハテナボックス」の中から同じ物を手探りで当てる。ヒントを少しずつ見せることで、待っている生徒も注目できるようにした。
- 探し当てた物の名前をホワイトボードに書く。
- 「ピエロのパズル」のピースを1枚選び、ホワイトボードに貼る。生徒全員が正解することでパズルが完成し、学習の終わりがわかる。

〈写真1〉ハテナ絵皿
＊2 174ページ参照

D 単元における習得・活用・探求

Point 5 改善による変化を意識しながら活動を進める

①ピエロの登場とパントマイム

Aさんの様子

ピエロ役の教師が風船を差し出すふりをすると、フーフーと息を吹き、風船をイメージしているように感じられた。ピエロ役の教師と友だちがやりとりする場面は、Aさんにとっては待ち時間であるが、興味をもって見ていた様子で、気になる行動も見られなかった。

ほかの生徒の様子

Bさんは、改善前の学習では、うずくまっていることが多かったが、ピエロが登場する前から笑みを浮かべて注目し、期待している様子が伺えた。

Cさんは、どの活動にも関心がもちにくく、1人遊びに入ることが多かったが、風船を取り出すと、身を乗り出し、「ちょうだい！」と言って手を伸ばした。

Dさんは、どの学習でも意欲的だが、「やりたい人？」と聞かれて、勢いで「はい！」と答えてしまうことも多かった。当題材では、ピエロ役の教師の動きを静かにじっと見て、ピエロがどんな動きをし、どのように関わってくるのか、伺う様子が見られた。

②ジャグリング

Aさんの様子

ジャグリングが終わった瞬間に寝転がったり、カラーボールを放り投げたりすることがあった。授業改善前であれば、教師が席に着くように声をかけたり、身体を起こそうとしたりしていたが、このときは教師が「Aさんいくぞ！」と声をかけ、カラーボールを投げようとすると、Aさんは素早く立ち上がって構え、カラーボールを取ったあと、席に戻ることができた。

ほかの生徒の様子

ジャグリングが得意なBさんは、真っ先に手をあげてアピールしていた。また、ピエロの衣装を着ると、自分から待ち席の生徒に向けてお辞儀をして、Bさんが自らイメージするピエロになりきろうとする姿が見られた。

③ハテナボックス・ハテナ絵皿とピエロのパズル

Aさんの様子

「ハテナ絵皿」に描かれたものを友だちが当てる間も、興味をもって注目していた。

ほかの生徒の様子

Cさんは、指定されたキャラクターを探し当てたあとに、自分の好きなキャラクターも探そうとしていた。改善前の学習では、途中で気持ちが途切れてしまうことが多かったが、本題材ではCさんの主体的な姿が少しずつ見られるようになった。

C 振り返り

Point 6 指導の観点を教師間で共有する

〈表1〉作成時に、応用行動分析学（ABA）をベースにした観点を教師間で共有したことが、関わりや働きかけの改善につながった。〈表1〉のⅡの項目に沿って指導の工夫を紹介する。

・・・・・・・・・・・・・・・・・・・・・・・直前の状況の工夫（A）・・・・・・・・・・・・・・・・・・・・・・・

①子どもが選択する場面をつくる

特に、他人から何かするよう言われると嫌がる場合、効果的である。言葉やコミュニケーションに苦手さがある子の場合、「この中から選んでもよい」ということが確実に伝わるようにする。

②難しい課題の中に、子どもができる課題を混ぜ込む

特に、課題が難しいとき、新しい課題のとき、ミスの指摘を強く嫌がる場合、効果的である。

③子どもが好きなことに取り込む

特に、課題に難しさがある場合、効果的である。

④視覚的スケジュールを使う

活動の順番や終わるまでの長さの見通しをもたせるようにする。

⑤視覚的手がかり、聴覚的手がかりを使う

例えば、「この部屋でしてよいこと」を言葉と写真で一覧にする、タイマーで終わりの時間を示すなどである。

⑥物理的な部屋や道具の配置を変える

例えば、子どもの動線が整理されるよう物の配置を変えたり、子どもが特定の道具をいつでも使えるようにしたり、その逆で制限したり、などである。

⑦気になる行動のきっかけになっているものを取り除く

子どもの教育的ニーズからも検討しつつ、一時的に取り除く。ただし、指導や対応の工夫を併せて行わないと、気になる行動が別の形で出たりする場合があることに留意する。

⑧注意を妨げるものをなくす

⑦と同様に、この工夫だけでなく、別の工夫もして、適切な行動を伸ばすようにする。

⑨子どもに対する言葉かけ、指示を明確にする

・子どもの注意を引いてから言う（例：肩をたたいて振り向かせてから言う、全体指示で「お口、閉じて」と言い、静かになったことをほめてから言う、など）
・短く言う（例：子どもに合わせて1〜3語文、長くなるときは細かく分ける）
・具体的に言う（例：「さわがない」ではなく、「口を閉じて椅子に座って」）
・身ぶりを交えて言う（例：指さしながら「この絵のとおりにやって」など）

【直前の状況チェックポイント】 〜直前の状況の工夫を選ぶための目安〜

※1＝当てはまる、2＝わからない、3＝当てはまらない、で評価し、1か2で評価された項目に関係する工夫案を検討する。

	直前の状況の特徴	評　価	工夫の選択肢
直接的な対応	指示したり言葉かけしたりされることを嫌がる	1　2　3	①④⑤⑨
	間違いを指摘されたり行動を直されたりすることを嫌がる	1　2　3	②⑥⑨
	いつも決まって気になる行動が起こる特定の言い回しを子どもにしてしまった	1　2　3	⑧⑨
	支援者の注目が別の子どもに向いているときだった	1　2　3	③
活動や状況の特徴	活動が子どもにとって難しかった	1　2　3	②③
	活動が子どもにとって長かった	1　2　3	②③⑤
	活動の終わりが子どもにわかりにくそうだった	1　2　3	④⑤
	活動予定を変更したときだった。	1　2　3	④⑤
	子どもにとって新しい活動のときだった	1　2　3	②⑤
	子どもにとって何をしたらよいのかわからないときだった	1　2　3	①④⑤⑨
	ある活動から別の活動への切り替わりのときだった	1　2　3	①③④⑤⑨
	いつも決まって気になる行動が起こる場所だった	1　2　3	⑥⑦⑧
	いつも決まって気になる行動が起こる活動内容の最中だった	1　2　3	③⑥⑦⑧
	いつも決まって気になる行動を向ける特定の人がいた	1　2　3	⑦⑧

················· 指導の工夫（B） ·················

① 適切なコミュニケーションの行動を教える
- 例えば課題がわからないときに気になる行動をして、その結果として先生が援助している場合、「先生、教えて」など適切な行動を教える。
- 気になる行動よりも、適切な行動のほうが大きなメリットが得られるようにする（注意を引くためにたたく子が「遊んで」と適切に言えたら、すぐ対応する。「ちょっと待って」と対応すれば、「遊んで」と言うことが定着しづらい）。

② 発達や困難に合わせ、課題のハードルを下げて教える

③ 評価する行動のできた、できないの判別を子どもが理解できるようにする

················· 対応（直後の状況）の工夫（C） ·················

○ 子どもが伸ばしたい適切な行動をしたらほめる
- 子どもが喜ぶほめ方を探す（言葉でほめる場合の言い方、声のトーン、言葉の理解が難しい場合、身ぶり、表情、スキンシップなど）。
- 適切な行動をやろうとしたらすぐにほめる（完全にできなくても）。
- ほめるだけでは達成感を感じていないような場合、適切なごほうびを用意する。

A 次時へ向けて

Point 7 単元の授業改善の結果を次の単元計画に結びつける

　Aさんの気になる行動の分析から取り組んだ授業改善だが、結果的には学習グループの生徒全員にも有効であった。

◎主体的な学び

　本題材では、生徒の興味・関心のある遊びや具体物を取り入れたことで、生徒がより学習に気持ちを向けられた。また、自ら積極的に働きかけようとしたり、指導者の予想を超えて自らイメージし表現したりする姿も見られた。

　生徒によっては、以前は「できた」「できなかった」を指導者に確認していたが、本題材では、遊びのルールをわかりやすくすることで、できなければもう一度自分から挑戦したり、できたときには自分から指導者に伝えたりする様子が増えた。

◎対話的な学び

　本題材の「パントマイム」の活動では、ピエロ役の指導者がどのように動き、関わってくるのか、生徒たちは期待や不安、疑問など、さまざまな思いを抱きながら注目していたように感じた。

　相手の思いを受け止めたり、想像したりすることは、人と関わる中で重要な力である。そうしたことが難しいために、当学習グループの生徒たちはトラブルになりやすい。だからこそ、衝動的に行動するのではなく、少しでも「間」を置いて考える経験を積み重ねていきたい。

◎深い学び

　授業改善前、生徒たちは学習に気持ちが向きにくく、教師たちの言葉かけも、活動への促しや、気になる行動を止めようとするものが多かった。改善後の授業では、生徒たち自ら学習に向かうことが増え、教師側も生徒たちの主体性を引き出そうとする働きかけを意識できるようになった。

　本題材では、生徒の興味・関心を糸口とすることで、生徒たちは期待感をもって学習に向かうことが増えた。自ら興味をもって活動したり、働きかけようとしたりする経験を積み重ねることで、新たな興味・関心の広がりや、主体性につながっていくのではないかと考える。

PDCAチェックシート

P ⑮の①□ ⑮の②□　**D** ⑮の⑤□ ○の○□
　 ⑮の③□ ⑮の④□　　　 ○の○□ ○の○□

学部：中学部　　**教科**：遊びの指導
単元・題材：できるかな？ ピエロからの挑戦

○子どもたちにその単元で何を育てることが目標？（評価できるよう具体的に）
・ピエロ（教師）の働きかけに応えたり、イメージして動こうとしたりすることができる。
・遊びのルールを理解し、守りながら楽しむことができる。
・活動を介して、教師や友だちとのやりとりを楽しむ。

○どのような指導内容？
・当初の遊びの指導では、絵本の読み聞かせと絵本の中で盛り上がる場面の再現、という流れで行っていた。

○主体的・対話的で深い学びの実現を目指して、どんな指導の手立てを使う？
・生徒が興味をもちそうな絵本を用いていた。

C ⑮の⑥□ ○の○□　**A** ⑮の⑦□ ○の○□
　 ○の○□ ○の○□　　　 ○の○□ ○の○□

○学習評価の結果は？（目標に基づく）
・順番交代でほかの生徒の活動中など待ち時間に、生徒が気になる行動を示す様子があった。

○評価結果から単元後半の授業改善は？
・1つひとつの活動内容をシンプルにする（本題材ではパントマイム、ジャグリング、ハテナボックスとピエロのパズル）。
・待ち席の生徒にも役割をつくる。
・生徒が主体的に取り組めるような活動を3つ以上取り入れる。
・場面の変化がわかりやすいよう、衣装や具体物を場面の変化に合わせて変えるようにした。

主・対・深 16 単元間で学びの意欲を結びつける

今の子どもの実態から、必要な活動を考えよう！

実践概要 働くために必要な力を育むために、生徒の意欲が高まっている現場実習後に職場見学を設定した。教師自身が授業を振り返り、次の活動につなげた。

実践報告 鈴木雅義（静岡大学教育学部附属特別支援学校） | 高等部 | 職業教育

解説

【主体的な学び】前単元でシートを用いて、生徒が将来の夢などを具体化したうえで本実践が行われている。さらに、観点別に本単元の目標を踏まえて授業検討されている。これらに基づき、生徒が先輩の話や働く姿の画像などをとおして、働く姿をイメージし、働くために必要な力をまとめている。生徒が家庭生活の中から新たに目標を設定するといった学習を設定している。

【対話的な学び】このような工夫により生徒がイメージした働く姿を、日々の家庭生活に結びつけて生徒間で話し合うようにすることで、話し合いの中での課題の共有化、共感や助言を引き出している。

【深い学び】学習をとおして、生徒は仕事理解と自己理解を深めることができた。

【ツール】「ミニPATHシート」・「授業エピソードシート」・「授業診断シート」

P 教育ニーズの把握・単元設定

　本実践の対象グループは、高等部1年生男子5名、女子3名の計8名で構成されている。アニメや音楽、ゲームについての興味が高い。身辺自立はしているが、身だしなみや整理整頓などに課題のある生徒もいる。高校卒業後に就職し、「働く」ということへのイメージはなんとなくあるものの、その理解には個人差があり、普段どおりの生活で何とかなるだろうという思いや、まだ先の話だから大丈夫という考えを抱いている生徒もいる。

　既習事項であれば、自ら考えて行動することもできるが、初めてのことと既習事項を関連づけて考えることは難しい面もある。課題ややることがわかれば、前向きに取り組もうとすることができる。

Point 1　子どもの夢と今の状況を把握する

　前単元では、今の自分を知ることを目的として、「ミニPATH※シート」に将来の夢と、夢に向けて今やること、1か月後・次の学年・高等部卒業時の自分の姿を記入した〈図1〉。そして、友だちがどんな考えをもっているのか共有できるように将来像について話し合った。

　また、「いいな」と感じたことについて「いいね」の付せんを貼り、説明を加えるようにした。友だちの意見から「自分って優しいって思われているんだ」「作業の姿も知っているんだ」と自分のよさに気づくことができた。

　その後、「働く」というテーマで先輩から話を聞く場面を設定した。先輩が課題解決のために学校生活や授業場面で、どのように頑張ってきたのかを知ることで、今後具体的に何をすればよいのかの見通しをもつことができた。

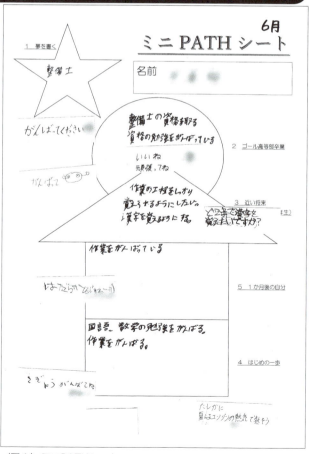

〈図1〉ミニPATHシート

※ PATH（Planning Alternative Tomorrow with Hope）：障害のある人の夢や希望を達成する作戦を立てるために開発された手法

Point 2 これまでの学習で高まった意欲を結びつけて単元を計画する

　職場環境や働くために必要とされる基礎的な力を知ることを目的として、教師引率のもと静岡大学で1週間の集団実習を行った。校舎内外の環境整備、図書館業務などの作業では、体調管理や報告の大切さを学んだ。また、大学職員の方々から「仕事で感謝された」経験により、仕事への意欲が高まり、全員が1週間働き続けることができた。

　その後、学校生活や家庭生活でも生徒たちの積極性が高まった。こうした様子から、集団実習や職場見学によって働くために必要な力を育むことができると考え、本単元を設定した。

単元目標
【知識・技能】
　職場見学をとおして見学先の仕事内容や環境、働くために必要な力がわかる。

【思考・判断・表現】
　職場見学で働く人の姿を見たり、高等部の先輩から話を聞いたりすることで、働くために必要な力を考え、自分の働く力と比べることができる。

【主体的に学習に取り組む態度】
　職場見学で働く人の姿を見たり高等部の先輩から話を聞いたりすることをとおして、今後の生活における目標をもつことができる。

単元計画

次	時	学習内容・学習活動	手立て	★評価規準　〇評価方法
一	3時間	実習や日々の生活をとおした自分の成長 ・実習の成果、課題を参考に、6月に記入した「自己理解シート」に、自分のよい点、苦手な点、課題について追記する。 卒業までの見通し ・仕事に就くために、学校生活の中で頑張ってきたことを高等部の先輩に聞く。 見学の視点 ・仕事内容や環境、その仕事がどのように社会に役立っているのかなどの見学の視点をもつ。 ・見学や質問、メモのやり方を確認する。	・必要な力がどれだけ身についたか視覚化し、振り返ることができるようにする。 ・高等部3年間の見通しがもてるよう、実習の時期や期間を図で示す。 ・生徒が働く際に不安に思うことや、現場実習で難しいと感じたことを聞き取り、見学の視点のヒントを示す。	★実習の評価や自己評価から、実習における成果と課題を知る。 〇授業中の発言 ★見学の視点を考え、ワークシートに書き込むことができる。 〇ワークシートの記述
二	3時間	働く先輩の姿、職場の環境の見学 ・5～6か所を2つのグループに分かれて見学する。 仕事内容、職場の環境をまとめ伝えること ・見学で見たこと、聞いたことを項目ごとにワークシートにまとめる。 ・他グループと共有する。	・卒業後の就労や本人の関心に応じて見学先のグループ分けをする。 ・他グループとの共有の際には、仕事内容や職場環境について記録した写真を示しながら伝えられるようにする。	★働く人の姿や職場の環境のポイントに沿って見学しようとする。 〇見学メモの記述 ★仕事内容、職場の環境を項目ごとにワークシートにまとめる。 〇ワークシートの記述
三	3時間	働くために必要な力 ・それぞれの職種でどのような力が必要とされるかまとめ、共有する。 今後の生活の課題をもつ ・自分の得意、不得意から、2年生の実習に向けて興味のある職種や克服したい課題について考える。	・仕事内容と働くために必要な力を一覧にし、視覚的に比較しやすくする。 ・これまでの学習のワークシートで、注目する項目を示す。	★見学をとおして職場で必要な働く力を身につけることができる。 〇発表、ワークシート ★次の実習に向けて自ら課題を見つける。 〇発表、ワークシート

Point 3 活動の目的を明確にし、順序立てる

第一次「職場見学の視点をもとう」

集団実習を振り返り、「自己理解シート」へ実習の成果、課題を記入し、自分の得意、不得意を知る活動を行った。

また、高等部3年生の先輩から、実習先決定の経緯、就労のために学校生活の中で頑張ってきたことについてインタビューし、卒業までに複数回ある現場実習先をどのように決め、高等部の生活を送るのか見通しをもてるようにした。

第二次「先輩の職場を知ろう」

見学の視点を明らかにして職場見学を行い、見たこと、聞いたことを「職場見学メモ」に記入することで、興味がある職種、自分が働きやすいと感じる職場環境に目を向けられるようにした〈図2〉。

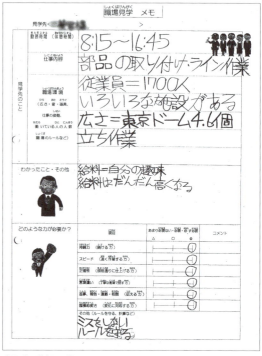

〈図2〉職場見学メモ

第三次「今の自分を知ろう」

「職場見学メモ」をもとに振り返りを行い、「働くために必要な力」をワークシートにまとめることで、自分の現在の姿を振り返り、今後の生活や学習における課題として設定できるようにした〈図3〉。さらに、この課題を達成するために、日々の目標が記載されている連絡帳を活用し、家庭との連携を図ったり、学校での学習に取り組んだりすることで、働く力を伸ばすとともに、自分の適性や目標に応じた進路選択に近づくことができると考えた。

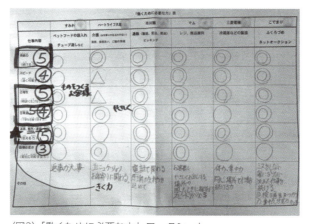

〈図3〉「働くために必要な力」ワークシート

D 単元における習得・活用・探求

Point 4 体験活動と話し合いから学習活動の視点を明確にする

　本校高等部では1年生の6月に産業現場等における実習（以下、現場実習）を設定している。職場見学に行く前に「働く」体験をすることで、職場見学と2回目の現場実習につなげることを意図している。第一次では、今までの職業の授業や現場実習の振り返りを行った。

　第二次では職場見学を行った。見学に行く前に、「見学の視点」を考えられるよう、3年生の先輩に話を聞く場面を設定した。そして、グループで先輩の話から考えたことや見学先で聞いてみたいことを整理し、「見学の視点」をまとめた。先輩の話を引用して「仕事の姿勢」や「環境面」などをワークシートに書き込む様子が見られた。

　「見学の視点」にあげられた「仕事のやりがい」「気をつけていること」「休日の過ごし方」「給料の使い方」については、再度グループで確認し、なぜこの質問をするのか、どんな姿勢を見ればよいのかを生徒自身で考えることができた。そして、実際に見学した際には、グループで考えた質問に加え、自分が聞きたいことについても積極的に質問することができていた。

Point 5 自らの目標となる姿を具体的にイメージできるようにする

　第三次では、「働くために必要な力が何であるかを考える」「今後の生活に課題をもつ」ことをねらい、実際に働いている先輩像と自分を比べる学習を行った。

　まず、現場で働く先輩に話を聞いた。「仕事をして家に帰ると疲れていてすぐに寝てしまう」や「働いていると自分の時間がつくれなくなることがある」など、自分の時間があまりもてないことを知り、「働くって楽しいことだけじゃないんだ」「自分の時間がもてないのは嫌だな」と、働く生活の大変さに気づくことができた。一方で、「一生懸命働くと休日のありがたさがわかる」「頑張って働くと楽しいことがある」「自分のお給料で好きな物が買える」といった前向きな意見も聞くことができた。

Point 6 振り返りをグループで行い、考えを深める

　働くために必要な力について考えるために、職場見学で見た先輩や働く人の姿を振り返り、グループで話し合った。メモやワークシートなどから働くために必要な力の材料を集め、調べたことを積極的に伝えようとしていた。このグループワークでは、司会や記録などの役割を担い、生徒たちが自らの考えを伝え合う姿を見ることができた。見学で実際に見たことを自分の言葉でみんなに伝わるように、話し方も考えながら取り組んだ。

C 振り返り

　本校では、本時の評価規準とエピソード記録を、授業中・授業後にすぐに書き込める「授業エピソードシート」を使用している〈図4〉。日々の授業での生徒の変容をすぐに記録することで、単元全体でどのように学び、変容したかを見ることができる。単元全体では、チェックシートを使用して授業エピソードシートに書かれたことを集約し、どこまでの積み上げがされているのかを読み取った〈図5〉。

高等部　（職業授業カード）				
単元名（時）	「発見！仕事とわたし」（7.5／9時）		授業者	T1：遠津　T2：國宗　T3：鈴木
日　時	平成30年11月15日（木）校時 10:10.11:00		場　所	縫製室
単元目標	・職場見学をとおして、見学先の仕事内容や環境、働くために必要な力がわかる。【知識・技能】 ・職場見学で働く人の姿を見たり、高等部の先輩から話を聞いたりすることで、働くために必要な力を考え、今の自分の働く力と比べる。【思考・判断・表現】 ・職場見学で働く人の姿を見たり高等部の先輩から話を聞いたりしたことをとおして、今後の生活における目標をもつことができる。【主体的に学習に取り組む態度】			
本時の目標	・縫製室の雰囲気に慣れる。 　A 職場のルールがわかり、自分の言葉で説明することができる。（思考・判断・表現） 　B 働くために必要な力の実践を行う。（主体的に学習に取り組む態度）			
時　間	学習内容・学習活動	☆手立て・支援 ※留意点		◎本時の評価規準 エピソード記述欄
10:10までに	・机を持って縫製室に移動する。			
10:10	あいさつ			
10:12	・グループの席に移動する。 　A さまざまな職場のルール ・自分のワークシートを見返し、確認する内容を知る。 ・ワークシートをもとに、見学先の「仕事のルール」を発表する。 　B 働くために必要な力の実践 ・数か所の見学先での体験内容や身だしなみや姿勢など働くために必要な態度を振り返る。	☆本時で注目する部分がわかるよう、拡大掲示したワークシートを指し示す。 ※司会者にOT、記録者にHTを指名する。 ☆全員が発言できるよう、司会者には全員に意見を聞くようルールを伝える。 ☆記録者に記録用紙を渡し、記載のしかたを伝える。 ☆いくつかの項目について働く際の適切な態度を確認するために実践する時間を設ける。		◎職場のルールを知り、自分の言葉で説明することができたか。（知・技） 職場のルールや見学の視点から自分の言葉や自分の姿に置き換えて考えを発表することができていた。 司会の生徒が、職場のルールをおさえながら、ほかの生徒に伝わるように言い換えて伝えられていた。 職場のルールと照らし合わせながら自分の状況を例に出し、説明していた。
10:45	成果の共有 ・各グループでわかったこと、話し合ったことを発表する。	☆話し合いで用いた用紙を掲示し、話し合いの成果を視覚的に示す。		話し合いの中で、友だちの意見を参考にしながら、自分の状況と比べて話すことができた。
10:55	まとめ	※職場のルールは学校生活や社会生活のルールにつながることを意識できるようにする。		
11:00	あいさつ	※机はそのまま縫製室に置く。		
〈準備物〉・学習計画表　・テレビ　・ワークシート拡大掲示				

〈図4〉授業エピソードシート

ツール4 チェックシート
事例児童・生徒の評価　◎達成　○概ね　△未達　教科（職業科）単元名（発見！仕事とわたし）　実施期間（10月18日.11月20日）時間数（9時間）

段階	単元（題材）目標		学習指導要領における内容
	知識・技能	職場見学をとおして、見学先の仕事内容や環境、働くために必要な力がわかる。	適切な進路選択のために、いろいろな職業や職業生活について知る。（1段階）
	思考・判断・表現	職場見学で働く人の姿を見たり、高等部の先輩から話を聞いたりすることで、働くために必要な力を考え、今の自分の働く力と比べることができる。	
	主体的に学習に取り組む態度	職場見学で働く人の姿を見たり高等部の先輩から話を聞いたりすることをとおして、今後の生活における目標をもつことができる。	

主体的に学習に取り組む態度 あらわれ

氏名	知識・技能	思・判・表	主体的に学習に取り組む態度
A	○	○	実際に働く場面を見ると、手を動かしてテキパキ仕事に取り組んでおり、「頑張る」と話していた。今後の目標について、「次の授業の準備を早くする」と具体的な目標を立てることができた。
B	◎	◎	単元開始時には働くことにあまり興味を示していなかったが、実際に働いている先輩の姿から「どうすれば先輩みたくなれますか」と「働く」ことに対して興味をもち、今後の生活の目標として具体的な行動目標を立てることができた。
C	◎	◎	単元開始前は、「声優になりたい」「漫画家になりたい」と夢の部分が大きかったが、見学をとおして、「働くって大変そうだから頑張らないといけない」と日々の生活について見直すことができ、新たな目標設定ができた。
D	○	○	働くことに対してあまり意識が高くない様子が見られたが、「将来は働きたいです」と気持ちの変化を見ることができた。目標設定時は、いくつかの選択肢の中から今の課題を見つけ、目標設定することができた。
F	◎	◎	単元開始時は、「どうせ働けない」「俺なんか雇ってもらえない」と消極的な発言が目立ったが、見学をとおして「働けるかもしれない」と気持ちの変化が見られた。日々の目標も具体的に立てることができた。
G	◎	◎	働くことに対してなんとなく「将来は働くんだなあ」の発言があり、消極的だった。単元をとおして具体的に何をやればよいのかがわかってくると働くことに意欲をもつことができ、普段の生活の目標を立てることができた。
H	○	○	卒業後のことはあまり考えられず、どうしたいのかの問いについて「わからない」の回答が多かった。見学後は、友だちの意見を聞きながら、少しずつ考えられるようになり、普段の生活の目標を立てることができた。

〈図5〉チェックシート

Point 7 授業のエピソードを集約して子どもの学びを評価する

　授業評価では、生徒の学習状況評価から、「目標に対して達成する過程でどのような問いかけをしているか」や「主体的に生徒が学習に向かっていけているか」、対話の場面では、「対話させることを目的としていないか」「生活に般化できるような深い学びになっているのか」の視点で、授業評価を教師間で行った。以下は、授業評価で出された意見である。

- 実際の姿勢（本人、身近な人）を提示することで、明確化できていた。背筋が伸び、よい姿勢になった。
- 実態差がある中で、一人ひとりに合った教材が準備されていた。
- 自己理解をしてから、見学後の職種理解を促したことで、目標や希望を整理するという学習の順序が明確でわかりやすかった。
- 日課表の提示方法がわかりやすく、生徒が今日やることを理解している。時間どおりに着席し、授業開始することができていた。
- 生徒が答えたあと、生徒が考えられるような質問をしていた。具体化させるための発問を繰り返し行ったことで、意見が深まり、よい話し合いができていた。
- 振り返りの視点を明確にしていたことで、働くために必要な力から生徒たちが考えを膨らませることができた。
- 表に記号で記入→生徒自身で比較することができ、やりやすくわかりやすかった。

- 働くために必要な力は、日ごろから意識させたいことばかりであった。細かいところから日常の目標を立たせていくのが効果的ではないか。
- 話し合い活動が苦手な生徒への配慮、ルールの明確化などが必要。
- 授業の要の部分についてみんなでまとめたワークシートをコピーして一人ひとりの手もとにあったらよかった。
- 「どの職種でも必要な力」をもっと強調してもよい。どの仕事においても大切。そのうえで、学校生活のどの場面でつけられる力か、具体的に示す。
- ◎、△という表記で、生徒たちがどこまで理解できたかがあいまいであった。
- 生徒からの授業の感想（自己評価）を聞きたかった。
- ほとんどが◎4つ以上になってしまった。5段階評価だったらどうか。
- 活動設定の工夫→まとめたことに対して、感想を言わせるかメモをとれるようにしてもよかった。

次時へ向けて

Point 8 授業のよかった点と改善点の両方を評価する

　チェックの段階で出された授業評価について、主体的・対話的で深い学びの視点で改善点を絞り、次の授業について整理した。
　本校では、授業設計時と授業改善時に授業者が改善点をチェックできる「授業診断シート」を開発・活用している。このシートを使用することで、主体的・対話的で深い学びの視点で授業改善ができる〈図6〉。

◎主体的な学び

　働くために必要な力についてまとめ、生徒同士で話し合ったことで、今後、学校や家庭で気をつけたいことを確認することができた。働く生活のイメージをもてるように、実際に働いている先輩の言葉を写真とともに提示したり、動画で示したりすることが効果的であった。
　また、普段の生活、特に家庭生活での課題点から、新たな目標設定ができるように、「メモリーノート」（毎日の家庭との連絡や、生徒の日々の記録、日ごろの役割、目標が果たせたかどうかを図るために使用している）と連動させるようにした。

◎対話的な学び

　対話の場面では、働くために必要な力について、普段から生徒同士で話すことができるとよいと考えた。学校生活は、日々の目標を話す場面や、目標が達成できたのかを伝える場面があったが、家庭生活は、どんな目標で、どんな生活をしているのかわからない部分があったため、生徒同士での共有が必要であると考えた。
　日々の家庭での生活を話し合いに加え、努力していることや、困っていることについて話せるようにした。話し合うことで、生徒間での生活の課題が共有化され、同調したり助言したりする姿を導き出せるようにした。

◎深い学び

　自己理解と仕事理解を深めたいと考えた。自己理解については、生徒自身の得意、不得意がわかるところから始め、どんな仕事が向いているのかを導き出すようにした。単元全体をとおして、働くために必要な力は、すべての力だと気づいた。職場見学や今後の生活の目標を立てる活動などによって、将来「働く」ことを自分のこととして考えられるようになってきた。
　このことを日常の生活に般化できるように、「ミニPATHシート」を見比べたり、具体的な目標設定をしてみたりしたことで深い学びにつながっていった。次の単元に向けて日々の目標について確認するとともに、変容を見取ることができる「ミニPATHシート」をもう一度作成し、比較できるように考えていきたい。

単元（題材）名		職業科「発見！ 仕事とわたし」	全9時間
単元（題材）目標	知識・技能	職場見学をとおして、見学先の仕事内容や環境、働くために必要な力がわかる。	
	思考・判断・表現	職場見学で働く人の姿を見たり、高等部の先輩から話を聞いたりすることで、働くために必要な力を考え、今の自分の働く力と比べることができる。	
	主体的に学習に取り組む態度	職場見学で働く人の姿を見たり高等部の先輩から話を聞いたりすることをとおして、今後の生活における目標をもつことができる。	

【授業設計】

資質・能力の3つの柱	知識・技能	職場環境や働くために必要な力に気づく力。
	思考力・判断力・表現力等	働くために必要な力を考え、自分の働く力と比べる力。
	学びに向かう力・人間性等	今後の生活における課題に気づく力。
主体的		□見通しをもって学習に向かうことができるようになっているか。 □課題や問いに対する活動が焦点化されているか。 □興味や関心を高める工夫があるか。
教科の視点		□学習の過程を振り返り実践を評価する場面が設定されているか。
対話的		□複数の視点や立場から考えるための材料があるか。 □対話をとおして考える時間が十分確保されているか。 □解決策や答えを深めていくような建設的なやりとりの場面が設定されているか。
教科の視点		□見学をとおして、職場環境や働くために必要な力に気づける場面が設定されているか。
深い学び		□学んだことを自分の言葉で表現できる場面が設定されているか。 □新たな課題や問いを発見できる場面が設定されているか。
教科の視点		□自らのことを振り返り、課題を見つけることができる場面が設定されているか。

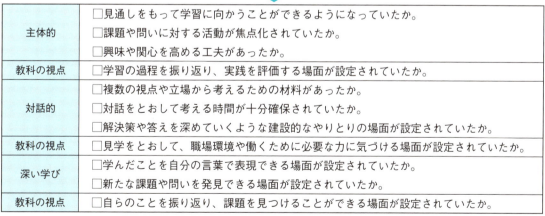

【授業改善点】

主体的	□見通しをもって学習に向かうことができるようになっていたか。 □課題や問いに対する活動が焦点化されていたか。 □興味や関心を高める工夫があったか。
教科の視点	□学習の過程を振り返り、実践を評価する場面が設定されていたか。
対話的	□複数の視点や立場から考えるための材料があったか。 □対話をとおして考える時間が十分確保されていたか。 □解決策や答えを深めていくような建設的なやりとりの場面が設定されていたか。
教科の視点	□見学をとおして、職場環境や働くために必要な力に気づける場面が設定されていたか。
深い学び	□学んだことを自分の言葉で表現できる場面が設定されていたか。 □新たな課題や問いを発見できる場面が設定されていたか。
教科の視点	□自らのことを振り返り、課題を見つけることができる場面が設定されていたか。

【授業改善点】

〈図6〉授業診断シート

P
- ⑯のPoint1 ☐
- ⑯のPoint2 ☐
- ⑯のPoint3 ☐
- ○のPoint ☐

D
- ⑯のPoint4 ☐
- ⑯のPoint5 ☐
- ⑯のPoint6 ☐
- ○のPoint ☐

学部：高等部　　教科：職業教育
単元・題材：職場見学

○子どもたちにその単元で何を育てることが目標？（評価できるよう具体的に）
・職場見学をとおして、見学先の仕事内容や環境、働くために必要な力がわかる。
・職場見学で働く人の姿を見たり、高等部の先輩から話を聞いたりすることで、働くために必要な力を考え、今の自分の働く力と比べることができる。
・職場見学で働く人の姿を見たり高等部の先輩から話を聞いたりすることをとおして、今後の生活における目標をもつことができる。

○どのような指導内容？
・集団実習を振り返ったことを、自己理解シートに記入する。
・高等部3年生の先輩に対する、実習などについてのインタビューを行う。
・職場見学し、メモを取る。
・メモをもとに、働くために必要な力をまとめる。

○主体的・対話的で深い学びの実現を目指して、どんな指導の手立てを使う？
・ワークシートを用いて、自分のよいところ（自己理解）や働くために必要な力などをまとめやすくした。
・生徒が自分で考えてワークシートに記入したり、グループで話し合ったりするよう促した。

C
- ⑯のPoint7 ☐
- ○のPoint ☐
- ○のPoint ☐
- ○のPoint ☐

A
- ⑯のPoint8 ☐
- ○のPoint ☐
- ○のPoint ☐
- ○のPoint ☐

○学習評価の結果は？（目標に基づく）
・自己理解を促してから見学後の職業理解を促したことで、目標や希望を整理するという学習の順序が明確でわかりやすかった。
・働くために必要な力は、日ごろから生徒に意識してほしいことが多かった。
・話し合いのルールの明確化、個別配慮などが必要であると考えられた。
・生徒がまとめたワークシートをコピーして手もとにあるとよいと思った。

○評価結果から単元後半の授業改善は？
・働く生活のイメージがもてるよう、職場で働く人の様子を写真や動画で見る。
・家庭生活から新たな目標設定ができるよう、メモリーノートと連動させるようにする。
・日々の家庭での生活についても生徒同士で話し合うことを促す。
・ミニPATHシートを見比べたり、具体的な目標設定をしたりすることで、自己理解と仕事理解を促す。

17 教科間の学びに連続性をつくる

主・対・深

組織的にPDCAを繰り返し、学校全体で学びを見直し続けよう！

実践概要 子どもの課題を改善するために、学年全体でカリキュラムの見直しを行った。連携して取り組んだことが、情報共有の充実や見通しのもてる計画につながった。

実践報告 鈴木雅義（静岡大学教育学部附属特別支援学校）｜高等部｜キャリア教育

解説 本実践では、高等部の教育課程の中に「職業科」を新たな教科に設定し、年間の実施とそれに基づき新たな教育課程の改善につなげている。職業科を設定した背景には、生徒の自己肯定感が低い、自己理解と職場理解に課題があり現場実習を能動的に行うことが難しいといった、生徒の実態とその背景の分析があった。そして職業科を新設し、1年間の教育課程の実施を振り返り、次の教育課程の改善点に教科間での学びの関連を指摘し、年間の指導計画を改善した。

こうした教育課程の改善は、それぞれの教科等で生徒に育てたい資質・能力を具体化して目標設定と評価を行い、生徒に何が育ち、さらに何を育てる必要があるのかを整理していったために具体化できたと考えられる。

【ツール】自分のよいところを知るための「自己理解シート」を活用した。

P 教育ニーズの把握・単元設定

　知的障害特別支援学校である本校の高等部は、1学年8名で構成され、3学年合わせて24名の生徒が在籍している。日常生活の基本的なことを学ぶ生徒、企業就労を目指す生徒と、実態は多種多様である。人数が少ないため、きめ細やかな学習体制がとりやすく、縦のつながりも深い。
　一方で、固定化した人間関係にとどまりやすく、人との関わりの幅が広がりにくい一面もある。

Point 1　子どもの課題から今までの指導を見直す

課題1　自己肯定感が低く、指示待ち傾向がある

　自信がなく、受け身になりがちで、指示待ち傾向のある生徒が多く在籍している。年間で目指す姿に到達できるように組まれた指導計画をもとに、十分に生徒が育っているかの評価を確実に行う必要がある。

課題2　学校外の職場で行う「現場実習」での意欲に課題がある

　1年生では職場体験と職場見学を行うとともに、生活単元学習の中に進路学習を組み込み、2年生で現場実習を体験する意義や職種について学習している。しかし、「働く」ことについて考え、現状の生活と比べることや、家庭での役割などについて学びを深めたが、「なぜ、将来働かなくてはならないのか」「どんな生活をすればよいのか」など、自己理解と職場理解が十分でなかった。
　そのため、2年生の実習では、職種や職場の理解がない中で、実習先を決めなければならないということになり、活動への意欲を高めることが難しかった。

Point 2　現在のカリキュラムの課題を洗い出す

改善1　カリキュラムの見直し

　今までのカリキュラムでは、行事が多く、多忙な2年生に現場実習が2度設定されていたため、まずは現場実習を行う時期を見直すことにした。1年生の段階から自己理解と職場理解を進められるように計画を見直し、生徒の実態と発達に合わせたカリキュラムを構築した。

改善2　新教科「職業科」の設定

　生徒が何のための学習か意識できるように年間をとおして職業的な内容を行う「職業科」を新たに教科として設定した。そして、生活単元学習の中で扱われてきた進路に関する学習を職業科の学習として取り組むこととした〈表1〉。

改善前の学習

高等部の生活単元学習（平成29年度）

	1学期（4月～7月）	2学期（8月～12月）	3学期（1月～3月）
1年生	校内実習／宿泊学習	職場見学	現場実習
2年生	歓迎会単元／生徒会選挙／運動会単元／校内実習／現場実習	宿泊学習／校内実習／現場実習／修学旅行単元	学習発表単元／ふようまつり／三送会単元
3年生	校内実習／現場実習	校内実習／現場実習	卒業単元

改善後の学習

高等部の「職業科」学習（平成30年度）

	1学期（4月～7月）	2学期（8月～12月）	3学期（1月～3月）
1年生	宿泊学習／校内実習／現場実習（自己理解）	校内実習／現場実習（自己理解）／職場見学	
2年生	歓迎会単元／運動会単元／校内実習／現場実習（自己理解）／生徒会選挙	宿泊学習／校内実習／現場実習（自己理解）／修学旅行単元	学習発表単元／ふようまつり／三送会単元
3年生	校内実習／現場実習（自己理解）	校内実習／現場実習（自己理解）	卒業単元

〈表1〉

　カリキュラムの改善後は、1回目の現場実習を1年生の6月に設定した。「見学が先のほうがよいのではないか」との意見もあったが、未経験のまま見学へ行くより、経験後のほうが見学の視点が明確になるだろうと考え、現場実習を職場見学より先に設定した。また、今までは自己理解を深める機会が少なく、自己の希望と現実との生活にギャップをもち続けている様子であったため、職場実習に向けて、「今の自分を知ることと、将来のことについて考える」自己理解の時間を設定した。

　2回目の実習は1年生の10月に行った。現場実習直後に職場見学を設定することで、働くことの大変さや体調管理やスケジュール管理などの大切さを理解したうえで取り組むことができると考えた。2年生、3年生についての流れは大きく変更せずに行ったが、自己理解の時間を加えた。

単元における習得・活用・探求

Point 3 自己理解を深める活動が他者との交流も深める

　1年生の6月の現場実習の前に、「自己理解」の活動を設定し、自分のよいところを友だちや保護者、教師から聞いてワークシートにまとめた〈写真1〉。

　活動後に生徒から、「他者からの言葉を受けたり、自身のことを分析的に捉えたりしたことで、自己理解が進んだ」「6月の現場実習は、静岡大学での集団実習という形で行われたため、友だちと一緒にできる安心感もあり、スムーズに実習を行うことができた」との感想があった。

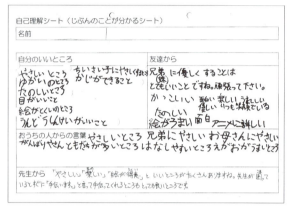

〈写真1〉自己理解シート

Point 4 生徒自身に「学習の視点」に気づかせ、学びを活性化する

　10月に行われた2度目の現場実習は、不安感や抵抗感が少ない状態で臨み、あいさつや言葉遣いなどにも気をつけることができた。働く経験を積んできたことで、次の職場見学の単元では見学の視点がはっきりし、どこを見ればよいのか理解して見学することができたようである。

　また、日々の生活の課題点がわかり、生活の改善も図ることができた。

Point 5 自校の強み「縦のつながり」を生かして、学びを深める

　3年生では現場実習報告を話し合いの中で行い、報告で終わりとせずに、そこから考えを深めた〈写真2〉。また、現場実習について1年生から質問を受ける時間を設け、アウトプットの機会とした。卒業間際には、現場実習で取り組んできたことを一人ひとりの生徒が文章にし、職種、就業スタイル別にまとめた。

　そして、その成果を後輩たちの進路選択にも役立ててほしいという思いから、「私たちのハローワーク」と題した冊子にまとめあげた。こうしたことが学びの深さにつながっていると考える。

〈写真2〉活動の様子

C 振り返り

Point 6 年間指導計画や指導目的と照らし合わせ、達成状況を評価する

　高等部全体で、各学年で年度当初に掲げられた年間指導計画や指導目標の実施状況を確認し、達成状況について評価を行った。

　本校の学校教育目標は「心身ともに健康で積極的に社会参加する児童生徒を育てる」、目指す児童生徒の姿は「生活を切り開く人」である。前述の高等部3年生は、この学校教育目標が達成され、目指す児童生徒の姿になっているのではないだろうか。一人ひとりがそれぞれのもてる力を発揮し、最大限のパフォーマンスを発揮できたと感じている。

Point 7 学部全体で、学びの連続性を確保できたかを確認する

　職業科を教科として設定し、それを中心に据えて教育課程の編成や、授業づくりを進めてきたことで、教師の進むべき方向性が整えられた。学年単位で行うのではなく、1年生から3年生までの学部全体で系統立てて進めたことで、生徒たちも何をどのように学ぶかを理解したうえで活動に取り組むことができた。

Point 8 他教科も含め、次年度に向けた改善点を探る

　学習評価をもとに改善点を高等部で話し合う時間を設けると、職業科での学習が、ほかの教科とつながりがもてていたのかどうかが新たな課題として浮かび上がった。そのため、国語科や数学科などの教科別の学習で、時期ごとに必要な単元やグループで行う単元について、「年間でどの時期に行うべきか」「内容は確かなものなのか」など、連続した学びを実現するための改善ポイントを話し合った。その結果、次のような意見が出た。

- 高等部の年間計画を立てる際、職業科を中心とした教育課程を編成し、校内実習、現場実習、作業学習を軸にすること
- 国語、数学、職業科の学習内容の見直し、精選を図ること
- 生徒の実態から、身につけたい力を明確にして学習内容を設定すること
- 大まかな3年計画を立てること

次時へ向けて

Point 9 年間とおした学習評価から、新たに教育課程を編成する

学習評価と話し合いの結果を受けて、高等部で次年度の教育課程を編成した。まず、今来年は職業科を中心に教育課程を編成したことで系統的な授業実践を行うことができたという点から、次年度も職業科を中心に編成することを確認した。

課題にあげられていた「ほかの教科との関連」などを整理し、国語科、数学科の主な単元を位置づけた。また、総合的な時間での高等部全体としてのテーマを「自然環境問題」とし、年間計画に位置づけた〈表2〉。

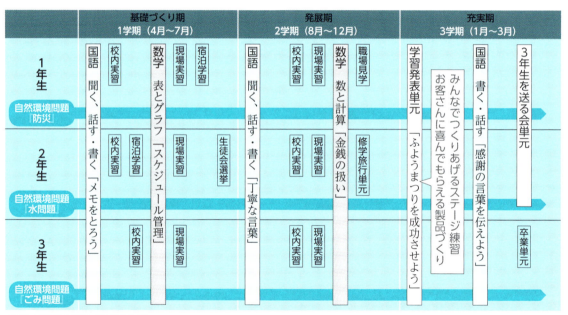

〈表2〉高等部の学習（平成31年度）

Point 10 先を見通せば事前の配慮や必要な活動がわかる

これまで国語科、数学科では、縦割りグループで独立した計画を立て、進めていたが、今回の教育課程の編成に当たり、高等部全体で教科別の学習内容をそろえて取り組んだ。こうすることで、ほかのグループで行っている内容を詳しく知り、進め方や使用している教材を共有できた。

「自然環境問題」では、どの学年も身近な内題を調べたり、体験したりしたことから話し合って進められるだろうと考えた。また、3年間の系統立てた指導が可能となり、次の学年の内容を意識した授業づくりができると考えている。

あるある質問 「育成を目指す資質・能力」とは？

Q 「育成を目指す資質・能力」と「主体的・対話的で深い学び」の関係は？

「育成を目指す資質・能力」は、学習内容を人生や社会の在り方と結びつけて深く理解したり、生涯にわたって能動的に学び続けたりすることを表します。それには、学習の質をいっそう高める授業改善の取り組みを活性化していくことが必要とされており、「主体的・対話的で深い学び」の実現に向けた授業改善を推進することが求められています。

例えば、受け身の学びの姿のみが続く単元では、十分に資質・能力が育まれないと推察できます。「主体的・対話的で深い学び」の実現に向かうことで、「育成を目指す資質・能力」の3つの柱を育てていくことにつながります。

Q 「育成を目指す資質・能力」の3つの柱のうち、ベースになるのはどれ？

特別支援学校学習指導要領解説総則編において、「生きる力」や学習の基盤となる資質・能力、現代的な諸課題に対応して求められる資質・能力など、あらゆる資質・能力に共通する要素が、3つの柱「知識及び技能の習得」「思考力、判断力、表現力等の育成」「学びに向かう力、人間性等の涵養」として整理されています。

知識及び技能の習得

資質・能力の育成は、児童生徒が「何を理解しているか、何ができるか」に関わる知識及び技能の質や量に支えられており、知識や技能なしに、思考や判断、表現等を深めることや、社会や世界と自己との多様な関わり方を見いだしていくことは難しい。一方で、社会や世界との関わりの中で学ぶことへの興味を高めたり、思考や判断、表現等を伴う学習活動を行ったりすることなしに、児童生徒が新たな知識や技能を得ようとしたり、知識や技能を確かなものとして習得したりしていくことも難しい。こうした「知識及び技能」と他の二つの柱との相互の関係を見通しながら、発達の段階に応じて、児童生徒が基礎的・基本的な知識及び技能を確実に習得できるようにしていくことが重要である。

知識の習得（技能に関してもほぼ同様の趣旨が明記されている）

知識については、児童生徒が学習の過程を通して個別の知識を学びながら、そうした新たな知識が既得の知識及び技能と関連付けられ、各教科等で扱う主要な概念を深く理解し、他の学習や生活の場面でも活用できるような確かな知識として習得されるようにしていくことが重要となる。

つまり知識および技能の習得は、ほかの2つの柱の基盤となり、またほかの2つの柱に関する学習活動を行うことで、新たな知識・技能が既得の知識・技能と関連づくといった、知識および技能を高めることにつながるとされています。

Q 「育成を目指す資質・能力」の3つの柱は、どう関連する？

思考力、判断力、表現力等の育成

　児童生徒が「理解していることやできることをどう使うか」に関わる「思考力、判断力、表現力等」は、社会や生活の中で直面するような未知の状況の中でも、その状況と自分との関わりを見つめて具体的に何をなすべきかを整理したり、その過程で既得の知識や技能をどのように活用し、必要となる新しい知識や技能をどのように得ればよいのかを考えたりするなどの力であり、変化が激しく予測困難な時代に向けてますますその重要性は高まっています。

　上記のうち、『「思考力、判断力、表現力等」とは、「知識及び技能」を活用して課題を解決するために必要な力』とされており（学校教育法第30条第2項）、知識及び技能を活用して課題を解決する過程は、次の3つに大別されます。

① 物事の中から問題を見いだし、その問題を定義し解決の方向性を決定し、解決方法を探して計画を立て、結果を予測しながら実行し、振り返って次の問題発見・解決につなげていく過程
② 精査した情報を基に自分の考えを形成し、文章や発話によって表現したり、目的や場面、状況等に応じて互いの考えを適切に伝え合い、多様な考えを理解したり、集団としての考えを形成したりしていく過程
③ 思いや考えを基に構想し、意味や価値を創造していく過程

　これらの過程に必要となる「思考力、判断力、表現力等」が、各教科等の特質に応じて育まれるようにすること、また、教科横断的な視点に立って各過程について言語能力、情報活用能力および問題発見・解決能力、現代的な諸課題に対応して求められる資質・能力の育成を目指す中で育まれるようにすることが重要とされています。

学びに向かう力、人間性等の涵養

　「他の二つの柱をどのような方向性で働かせていくかを決定付ける重要な要素」とされており、以下のように記されています。

　児童生徒一人一人がよりよい社会や幸福な人生を切り拓いていくためには、主体的に学習に取り組む態度も含めた学びに向かう力や、自己の感情や行動を統制する力、よりよい生活や人間関係を自主的に形成する態度等が必要となる。これらは、自分の思考や行動を客観的に把握し認識する、いわゆる「メタ認知」に関わる能力を含むものである。こうした力は、社会や生活の中で児童生徒が様々な困難に直面する可能性を低くしたり、直面した困難への対処方法を見いだしたりできるようにすることにつながる重要な力である。また、多様性を尊重する態度や互いのよさを生かして協働する力、持続可能な社会づくりに向けた態度、リーダーシップやチームワーク、感性、優しさや思いやりなどの人間性等に関するものも幅広く含まれる。

あるある質問 忙しすぎるので…効率よく、効果的に授業改善を進めたい！

Q 学校全体で授業改善を進める場合、何から、どのように進めればいい？

　学校全体で主体的・対話的で深い学びの観点で授業改善を進めるには、まず、校内で「主体的・対話的で深い学びとは何か？」「なぜ主体的・対話的で深い学びが重要なのか？」などの共通理解をしなくてはならないでしょう。そうすると、児童生徒に育成を目指す資質・能力を共通理解することも必要になるでしょう。また、実際に授業改善を行うには、学習評価とその活用方法についても理解する必要があります。さらに実際に授業改善を始めてからは、目指す教育に近づいたかどうかを定期的に見直す必要もあります。その際には個々の単元、教科等の検討にとどまらず、教育課程全体を考えることにもつながるかもしれません。

　これらの要素の検討を実際に学校で進めるには、学校にもともとある体制や年間の進め方の特徴や長所をベースに、組織的な進め方を検討するとよいでしょう。児童生徒の実態の検討から教育課程の見直しまでを行ったプロセスは実践⑰を、組織的な進め方については実践⑱をご参照ください。

Q 個々の授業改善と教育課程改善、どちらを先に取り組めばいい？

　授業改善と教育課程改善のどちらに課題意識があるのか、それが個々の学校によって異なるかと思います。ですが、教育課程の改善を検討するには、各教科等で児童生徒にどのような資質・能力が育まれ、さらにどのような資質・能力を育むかを検討する必要があります。

　そして各教科等で育まれた資質・能力を検討するためには、各単元や授業で児童生徒にどのような資質・能力が育まれたのかを検証する必要があります。また、教育課程改善を検討する際にも、個々の授業や単元での児童生徒の学びを振り返ることが不可欠でしょう。

Q 資質・能力の3つの柱の育成につながっているかを評価するには？

　158ページから解説する「育成を目指す資質・能力の『3つの柱』」のような、情意や態度等を育んでいくためには、体験活動を含めて、社会や世界との関わりの中で、学んだことの意義を実感できるような学習活動を充実させていくことが重要とされています（児童生徒の学習評価の在り方について〈報告〉）。

　また、3つの柱に関わる「知識・技能」「思考・判断・表現」「主体的に学習に取り組む態度」の観点別学習状況の評価の実施に際しては、評価規準を作成し、評価方法などを工夫することで、学習評価の結果が児童生徒の学習や教師による指導の改善に生きるものとすることが重要とされています。それぞれの観点の考え方や評価方法の例も記されています。

主・対・深 18 学校全体で教育課程を改善する

教育課程や個別の指導計画を、学習指導要領と学校教育目標に関連させよう!

実践概要　学校全体で教育課程を見直す「カリキュラム・マネジメント」のシステム構築に取り組んだ。単元目標や個別の評価も教育課程の改善につなげた。

実践報告　木下敏英（熊本県立熊本支援学校）｜カリキュラム・マネジメント／個別の指導計画

解説　本稿では、根拠のある教育が日々の指導で実践されるよう、教育課程がPDCAサイクルで見直されるカリキュラム・マネジメントのシステムが構築され、そのために校務分掌の連携や教師の専門性向上のための研究会が実施されている。教育課程の検討のベースには、各教科等での各単元において、3観点に基づく児童生徒に育てたい資質・能力の評価結果が位置づいている。

本実践はカリキュラム・マネジメントのシステムを具体化するために、校内組織や年間の検討の流れが構築され、さらには児童生徒の実態把握、児童生徒に育てたい資質・能力の明確化、それらが結びついた単元や授業が実践されるよう年間指導計画などの様式が検討されている。

Point 1　学校教育目標と学習指導要領をよりどころにした「根拠のある教育」を目指す

本校では、「自立し、社会参加する力の育成」という学校教育目標から「（児童生徒に）個別に育てたい力」を考え、「めざす子ども像」を「よりよく『学び』『決め』『かかわる』ことができる子ども」と設定している。「学び」「決め」「かかわる」は、学習指導要領の「知識・技能」「思考力・判断力・表現力等」「学びに向かう力、人間性等」にも対応させたものである。

このように「個別に育てたい力」を「学習指導要領の目標・内容」に照らし合わせることで、各単元（題材）の目標や計画を立てたり、個別の指導計画における目標や手立てを考えたりしている。さらに、授業では児童生徒がどのように変容したのかを「育てたい力」から捉えて個別の評価を行い、次年度の指導計画や教育課程編成にも生かしている。

Point 2 教育目標と日々の指導をつなぐ体制を学校全体でつくる

本校では、「根拠のある教育」が日々の指導でも実践されるような体制をつくるため、3つの側面からアプローチしている。

① 教育課程をPDCAサイクルで見直す

教育活動を進めるうえで、PDCAサイクルの考え方を活用し、常に改善を繰り返している。
- Plan（計画）：教育課程、年間指導計画を編成する。
- Do（実践）：日々の授業実践、1人につき1つの事例研究や研究授業などを行う。
- Check（評価）：子どもの変容の評価とともに、授業実践、事例研究、教育課程などの成果と課題を集約し、卒業生追支援の状況からの教育的ニーズを把握する。
- Action（検討・改善）：教育課程の改善点などを検討する。

② 校務分掌・部間で連携しながら学校全体で進める

組織体制や業務の効率化など、経営活動に関わる側面では、管理職のリーダーシップのもと、教務部、研究部、指導計画部（主に個別の教育支援計画や個別の指導計画、アセスメント、自立活動の業務を担当）が連携を図りながら、カリキュラム・マネジメントを進めていく。

そのほか、学校全体で根拠をもって取り組むために、各種ツールを作成したり、全体研修会を開催して共通理解事項を周知したりしている。また、業務を効率化し、担当業務をスムーズに進めるために、打ち合わせ時間や授業評価の時間、学部裁量の時間などを工夫している。

③ 専門性を向上させる研究会をこまめに実施する

本校では、授業研究のため各職員が1人につき1教科、担当教科の研究を実施したり、学習の基盤となる自立活動についてグループ研究を行ったりしてきた。これらの研究による専門性の向上も、授業改善をするための基盤となっている。

Point 3 カリキュラム・マネジメントのシステムづくりを行う

以前、本校では、「どんな活動を行うか」に対して「何を教えるか」への意識に弱さがあると感じていた。課題を具体的に洗い出すと、①「日常生活の指導、自立活動、教科別の指導などへの視点の不足（教育内容の偏り）」、②「児童生徒の実態把握の不足（評価の曖昧さ）」、③「分析的視点での授業改善の不足」などがあげられた。

学校全体で教育課程の見直しを図る必要があると判断し、いわゆる「カリキュラム・マネジメント」のシステム構築に取り組んだ〈図1〉。

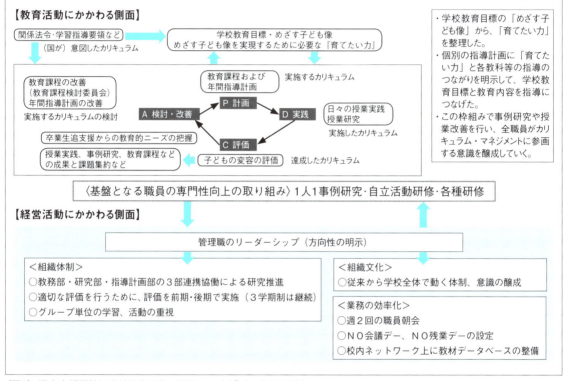

〈図1〉熊本支援学校におけるカリキュラム・マネジメントシステム

Point 4 カリキュラム・マネジメントシステムに沿って、授業改善を循環させる

　教育目標の設定、年間指導計画の作成・評価、教育課程の改善、個別の教育支援計画・個別の指導計画の見直しなどを相互に関連させて改善を循環させている〈図2〉。
　カリキュラム・マネジメントに関する、年間を通じた取り組みの大まかな流れは、以下のとおりである。
①7月に1学期の各教科等の各単元（題材）の授業評価をもとに、各職員が「教育課程評価アンケート」に記入する。
②前述①をもとに、各教科等の次年度の実施方法（例えば、時間のとり方や、配当時数、指導内容や指導形態など）を学年や学部などで検討する。
③各学部からの意見および話題を受け、教育課程検討委員会において調整を図る。

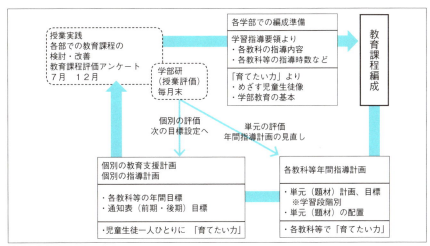

〈図2〉教育課程改善・編成の流れ

④10月～3月の間に、今年度の各教科等の指導計画を精査し、次年度に各学部で「めざす子ども像」を検討したうえで、教育課程改善・編成を行う。

⑤1月ごろ、各学部において次年度に予定している教育課程をもとに、「教科別の指導」および「各教科等を合わせた指導」などの年間指導計画（164ページ〈図3〉）を作成する。

⑥次年度において個別の指導計画〈図4〉を作成する際には、⑤を参照して各単元（題材）計画との関連を図りつつ、1年間で当該児童生徒に達成してほしい目標や「育てたい力」を設定する。

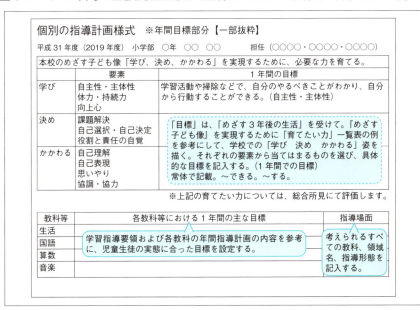

〈図4〉

年間指導計画様式　※教科別の指導

【年間指導計画と作成時の留意点】
①各教科の年間指導計画　例：中学部3年生Bグループ（数学）

平成31年度（2019年度）中学部（3）年（数学）科（B）グループ　年間指導計画

作成者（○○○○）

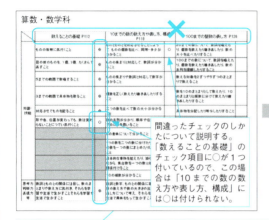

間違ったチェックのしかたについて説明する。
「数えることの基礎」のチェック項目に○が1つ付いているので、この場合は「10までの数の数え方や表し方、構成」には○は付けられない。

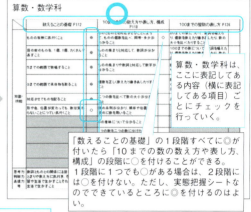

算数・数学科は、ここに表記してある内容（横に表記してある項目）ごとにチェックを行っていく。

「数えることの基礎」の1段階すべてに◎が付いたら「10までの数の数え方や表し方、構成」の段階に◎を付けることができる。1段階に1つでも○がある場合は、2段階には○を付けない。ただし、実態把握シートなのでできているところに◎を付けるのはよい。

・「実態把握シートアセスメント」をもとに学習グループの実態を把握し、その実態に応じて教科の「観点」における内容と〈段階〉を設定する。

「めざす子ども像」を実現するために育てたい力

	教科をとおして特に育てたい力
学び	自主性・主体性、体力、集中力・持続力、向上心
決め	課題解決、自己選択・自己決定、役割と責任の自覚
かかわる	自己理解、自己表現、思いやり、協調・協力

・児童生徒の実態から教科をとおして特に育てたい力を選定する。
・学部や教科で共通事項になった要素も明記する。複数個明記することもある。

〈単元（題材）の指導計画〉

月日	単元（題材）名	単元（題材）の目標〈観点〉/〈段階〉	評価 ◎○△	指導内容（以下の事項を身につけることができるように指導する）	単元指導の時数	育てたい力との関連
5月	・10までのたし算 ・20までのたし算	・繰り上がりのない10までのたし算ができる。【数と計算／小2段階】 ・和が10以上のたし算ができる。【数と計算／小3段階】	◎ ※1	・合わせていくつになるか計算する。	5	集中力・持続力 向上心 課題解決 ※2
		総指導時数（予定）			5	
		総指導時数（実績）			※3	

・単元（題材）をとおした学習の名前を書く。単元（題材）名はこの単元（題材）でのねらいがわかるものとする。

・新学習指導要領の内容に沿って単元（題材）の目標を明記する。
・複数の「段階」の児童生徒が同じグループにいれば、「段階」ごとの目標を複数設定する。
※年間をとおして偏りがないよう留意する。

・単元（題材）の指導内容を書く。

・週時間割や年間教育カレンダーを参考に、適切な時数を設定する。

※1　単元（題材）の目標に対する評価（授業後に入力する）
・目標が達成できたかどうかを「◎達成した、○おおむね達成した、△達成できなかった」から記入する。
その理由や詳細は必要に応じて朱書きする、印刷したものに手書きしてよい。「○」の基準を生徒の7割とする。

※2　育てたい力との関連
・〈めざす子ども像を実現するために育てたい力〉において選定した要素の中から、各単元（題材）で重点を置く要素を書く。
・要素を意識した学習内容や活動にすることで、育てたい力と教科別の指導との結びつきや指導の一貫性が保たれるようにする。

※3　総指導時数（予定および実績）
・単元の指導時数を入力していくと、総指導時数（予定）が算出される。
・年間指導計画の評価をする際に、実績の時数を記入する。

〈図3〉

Point 5　単元目標と個別の評価を教育課程の改善につなげていく

　以下に、小学部の「生活科」（教科別の指導）において、カリキュラム・マネジメントと個別の指導計画を関連させ、相乗効果的に授業改善を行った事例を紹介する。

① 単元目標を3観点で設定する

　小学部高学年生活科「5・6タイム」（観点：手伝い・仕事）では、4つの係に分かれ、「掃除グループ」の5年生は、小学部各教室のゴミを集める活動を行った。このグループの児童は、活動に意欲的に取り組めるが、ゴミを移し替えたりゴミ袋を付け替えたりすることは難しく、個別に手順を確認して指導する必要があった。また、3人の児童に対して授業者が1人という状況があり、児童がなるべく自分たちで活動を進められるようにする必要があった。
　そこで、単元目標を次のように設定した。
・知：数種類の用具を使って掃除ができる。
・思：用具の形状や掃除する量を考えて活動している。
・主：自分から進んで用具を運搬し、係活動に取り組もうとしている。

② 各単元（題材）での評価を、次年度の教育課程の編成を考える材料とする

　学習を進めるにつれて、児童が互いの活動を見合うことで、課題とされた作業を各自でできるようになった。3観点で設定した目標に対しても、各児童とも「十分に達成することができた」と評価された。
　年間の生活科の取り組みを振り返った際、実践を行った教師の中には、「生活科」の内容を教科別の指導で継続して実施し、指導の充実を図りたいと考えた者が多く、単元目標を「おおむね達成できた」児童が7割を超えたと評価された単元が8割を超えていた。
　これらの意見や状況を踏まえ、「生活科」の指導内容を次年度はより充実させていくことを決定した。

③ 次年度に指導する内容の検討と単元化を図る

　同様の手順で設定した他教科の指導内容を参照し、「生活科」で取り扱う指導内容を教科別の指導で行うのか、ほかの教科等を合わせた指導を行うのかを検討した。その結果、次年度も「生活科」で取り扱う指導内容はすべて教科別の指導で実施することを決定した。そして、どのような単元として実施するかをさらに検討・確認し、具体化していった。
　また、他教科についても同様に検討し、教科間の時数のバランスや年間をとおした各教科の単元の配置などを検討した。

主・対・深 19 日常的に授業研究を繰り返す

個人でも集団でも授業研究を重ねて、「改善」を日常的に行おう！

実践概要 授業改善を学校全体で行った。教師が1人で行う授業研究、チームで行う授業ミーティング、学部全体で行う授業研究会などの授業研究のパターンも確立させた。

実践報告 上仮屋祐介（鹿児島大学教育学部附属特別支援学校）｜授業研究会

解説 本稿は日々の授業実践のPDCAサイクルが単元や年間指導計画などのPDCAサイクルの検討につながることを示し、そのための日常的に実施できる授業研究の方法を具体的に示している。日常的に目標に照らし合わせた授業の評価と再検討を繰り返すことで、授業、単元、年間指導計画などの改善につながっていく。

　本稿で提案されている授業研究は、授業計画シートを用いて時間管理して進めることで、比較的に短時間で、その授業で児童生徒に育てたい資質・能力に基づき授業の結果と改善点について検討できるようになっている。1回1回の授業研究は短時間でもそれを日常的に繰り返すことで、授業や単元の改善や、児童生徒の主体的・対話的で深い学びの実現につながっていく。

Point 1 「主体的・対話的で深い学び」による授業改善の鍵は、授業研究！

　児童生徒の「主体的・対話的で深い学び」の実現を目指して授業改善を図るには、校内での授業研究の取り組みを充実させていくことが重要な鍵となる。そのため、本校では、以下の4点を兼ね合わせた授業研究会の実施を目指している。

【本校が目指す「授業研究会」の考え方】
・同僚性（全員が参加し教師同士学び合う授業研究）
・共有性（授業づくりの視点などが共有されている授業研究）
・機能性（方法が明確な授業研究）
・効率性（継続的、効率的な授業研究）

Point 2　PDCAサイクルの各過程で、授業研究の目標を明確化する

　本校では、年間指導計画や個別の指導計画に基づき授業を行ったり、実施した授業をもとに授業改善や単元（題材）の評価、年間指導計画および個別の指導計画の評価を行ったりする過程は、3つの「計画（P）―実施（D）―評価（C）―改善（A）」のサイクルが重なる構造で成り立つと捉えている〈図1〉。

　それぞれの過程において相互に密接な関連を図りながら循環させることが重要であり、そのためには各過程でどのように検討する必要があるかを整理し、それを教師間で共有したうえで授業研究を実施する必要がある。

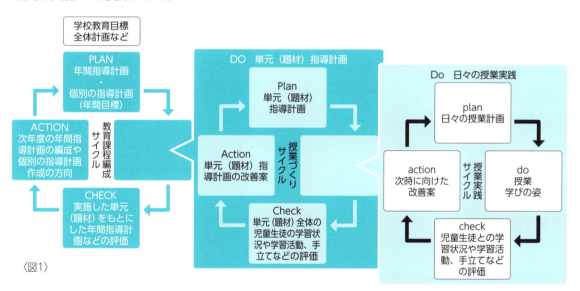

〈図1〉

Point 3　育てたい資質・能力を明確にして単元（題材）計画を立案する

　日々の授業をとおして児童生徒の「主体的・対話的で深い学び」を実現し、育てたい資質・能力を身につけられるようにするためには、単元（題材）の中でどのような資質・能力を育てたいのか、それに向けてどのような学習活動を設定したり、手立てを講じたりするとよいかを検討し、指導計画を立案することが大切である。

　そのために本校では、「授業計画シート」（168ページ〈図2〉）という単元（題材）の指導計画を作成し、活用している。なお、実際の記入例は172ページに示す。

〈図2〉

Point 4 日々の授業を対象にした授業研究を日常的に実施する

「授業計画シート」に基づいた授業研究を日常的に実施する。それにより、児童生徒が何を学んだか確認し、学習活動や手立てを省察し、授業改善を繰り返していく。

本校では、日々の授業における児童生徒の学びの姿をもとに授業改善や単元（題材）の評価ができるよう、授業研究において児童生徒の学びの記録を蓄積し、連続的に評価する体制をとっている〈図3〉。

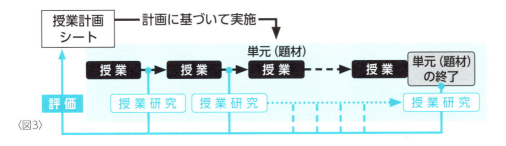

〈図3〉

Point 5 3つのスタイルの授業研究を組み合わせて学校全体で進める

授業研究に参加する教師の人数の違いに着目し、次の3つのスタイルに授業研究を分けている。そして、それぞれの特徴を生かして適宜組み合わせて実施している〈図4〉。

❶「授業計画シート」を作成した教師が1人で行う授業研究「1人で行う授業研究」
❷ 授業を行う教師同士による授業研究「授業ミーティング」
❸ 学部の教師を中心とした授業研究「授業研究会」

　授業研究の効果的かつ効率的な実施には、検討する内容や実施回数、1回当たりの実施時間、授業研究に関わる教師の人数、使用する資料などの工夫が重要となる。

❶ 1人で実施	❷ 一緒に授業をする教師同士で実施	❸ 学部の全教師を中心に実施
○担当者の都合に合わせて、いつでも実施できる。 ○同時期に複数の授業の検討を行うことができる。 ▲担当者任せになる部分が多く、取り組み方（記録のとり方や検討内容など）に差が出る可能性がある。	○日程調整が必要な教師の人数が少なく、比較的実施しやすい。 ○同時期に複数の授業の検討を行うことができる。 ○同じ授業を担当する教師同士が意見交換しながら検討できる。 ▲グループで取り組み方に差が出る可能性がある。	○複数の教師で検討することで、検討する内容の妥当性が高まる。 ○教師間で共通理解を図りやすい。 ○互いの実践をもとにした教師同士の学び合いの機会になる。 ▲実施するために全員の都合を合わせる必要がある。 ▲児童生徒の学びの姿などを共有するための資料が必要である。 ▲検討できる授業の数（回数）に限りがあり、すべての授業で実施することが難しい。

〈図4〉

Point 6　各授業研究における実施のしかたを明確にし、確実に実行する

(1)「授業研究会」の実施のしかた（❸）

　授業研究会は、45分間という定められた時間で、以下の流れで実施している。

①「授業研究会で大切にしたいこと」「授業研究の終了時刻」の確認（3分間）

　参加者が同じ意識をもって授業研究会に臨めることをねらって、授業研究会は、以下の10個の「授業研究会で大切にしたいこと」を音読してから始めている。

・一人ひとりの児童生徒の豊かな学びの実現を目的とする。
・教師同士互いに学び合う気持ちで臨む。
・授業者の意図、思いや考えを尊重する。
・教師自身の、児童生徒や授業の見え方、学んだことの交流を行う場である。
・授業の「おもしろさ」と「難しさ」を共有する場である。
・一人ひとりの教師がもっている児童生徒の情報を共有する場である。

・児童生徒の名前を主語にして、児童生徒の姿を具体的に話す。
・授業の事実と感想を分けて話す。
・授業者に敬意を表した言葉で、建設的に話す。
・設定された時間を守る。

② 授業動画の視聴（12分間）
　授業者が授業目標や工夫したこと、意見がほしいことなどを伝えたあと、全員で授業動画を視聴する。参加者は、「学んでいたところ」「学びにつまずいていたところ」「感想など」「手立てなどの活用（ほかの場面でも有効な手立てなど）」「ほかの教科等と関連することなど」「生活場面との関連（家庭や地域において生かせることなど）」について、所定のメモ用紙に気づいたことを記入する。

③ 付せんの記入（7分間）
　記入したメモをもとに、「学んでいたところ」は赤、「学びにつまずいていたところ」は青、その他の項目は黄色の付せんに書く。このとき、児童生徒の学びの姿を記入する際は、「○○さんが□□していた」のように、児童生徒の名前を主語にして学びの姿の事実をありのままに、なるべく具体性をもたせて書くようにしている。

④ 付せんをもとにして発表する（10分間）
　記入した付せんを、前述したメモ用紙と同じ項目からなる模造紙に貼りながら、1人1分間程度で発表する。

⑤ 学びの背景の検討（10分間）
　ファシリテーター役の教師の進行で、付せんが重なっていた箇所を中心にして「なぜ、この姿が見られたのか」「どのように改善したらよいか」など、学びの背景や授業の改善策などについて全員で検討する。

⑥ 授業研究会のまとめ（3分間）
　ファシリテーター役の教師が研究会で協議したことを振り返り、全員で共有する。終了後には、すべての参加者が授業研究で学んだことを付せんに書き、共有する。
　これらによって、授業研究会で学び合おうとする意識を高めたり、得られた改善策などを次の授業につなげたりすることができる。

(2)「授業ミーティング」や「1人で行う授業研究」の実施のしかた(❶・❷)

　授業ミーティングや1人で行う授業研究においても、169ページの「本校が目指す授業研究会」の考え方が基本になっている。

　授業ミーティングは20分間を目安に、1人で行う授業研究は各教師が自由に時間を設定し、2種類の学校共通の記録用紙(シート)への記入を中心に行う。

① 授業研究の手続きに沿った記録用紙の使用

　❶・❷どちらの授業研究を行う場合も、「児童生徒の学びの姿を評価」→「学びの姿の分析」→「改善案などの検討」という手順で検討している。

　この手順に沿って授業研究の記録をまとめられるように、「日々の授業記録」〈図5〉という記録用紙を用いて、授業における児童生徒の学びの姿を分析的に評価し、次時の授業やほかの授業などの指導と関連づけていく。なお、実際の記入例は173ページに示す。

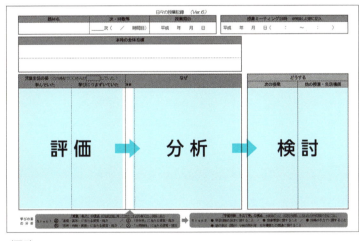

〈図5〉

② 授業研究のたびに行う「授業計画シート」の評価

　授業研究を実施するたびに「授業計画シート」の内容について確認・評価を行い、修正などを行う場合は、「授業計画シート」に直接朱書きする。このようにすることで、授業ごとの児童生徒の学びの姿をもとに、単元や題材の評価を即時的に行い、総括的評価に活用することができるようにしている。また、実施した授業の評価だけではなく、児童生徒の学習状況に応じて計画を変更して授業を実施するなど、常に当初の計画と実際の授業を照らし合わせて単元や題材全体を見通した取り組みを行うことができるようにしている。

[授業計画シート] の記入例

授業計画シート（各教科等を合わせた指導 ver.3）

学部	教科等名	学習集団（グループ名記）	単元・題材名	総時数（実施時期）	単元・題材の全体目標	教科等
小	生活単元学習	小学部3組	あめのひのすごしかた	14時間（6月）	ア 天気予報を自分で調べ、表にまとめる活動を通して、天気予報の見方や1週間の天気に関心をもったり、大気に応じて必要な道具を考え、雨天時に校庭に出られない日の過ごし方について工夫したりすることができる。 イ 友だちと一緒に表におおちがいや遊び方工作をつくり、<材料（ゴム、段ボール）の組み合わせを考えたり、段ボールなど使う道具を組み合わせて遊ぶことを考えたり、友だちと一緒に道具や材料を共有したり、材料の組み合わせ方せて遊ぶ物の工作を作ることができる。	国・②・図 体・生 国・③・図 体・生 国・算・音・図 体・生

児童生徒名 / 個人目標

児童生徒名	個人目標
A	ア 1週間天気予報の月からから、日付や曜日、天気や気温などを記入し、天気予報を見つめ、表に整理して書き、絵を見ながら活動を切り上げ明日の日付や時刻に絵と出ることができる。 イ 友だちと一緒に大きなおおちや遊び方を考え、材料（ゴム、段ボール、粘着テープ、粘着テープ）を組み合わせるなどして、必要な道具、より工夫を使うもとの遊び方に気づいたり友達と一緒に作りたりすることができる。
C	ア 動物や友だちと一緒に調べた1週間の天気を手がかりに、イラストを選択し、天気予報の表を作ることができる。 ウ 見近なものの種類や形状について日の触機で体を手がかりにおおちや絵やイラストをかってムカムカできる粘着テープを結びで自分に一緒に投げなどをかって遊ぶことができる。
B	
D	
E	ア 表にまとめた1週間の天気から、関連が多いだ日の天気予報を答え、関連することができ、水たまりに自覚として、水たまりに浸かるようにしたり、大気に応じて材料（ゴム、粘着テープ）を組み合わせるもよりも工夫して遊びや友達と選び、友達と遊びのイラストを貼ることを示すことができる。

指導計画

次	時数	学習活動	<資質・能力を育むための工夫>
一	3	1 明日の天気を調べる。 (1) 天気の調べ方 (2) 天気の種類	○明日の天気を調べる。
二	6	2 1週間天気予報を調べて、天気予報ニュースを作る。 (1) 1週間の天気の調べ方 (2) 表にまとめる (3) 毎日更新する	柳の葉と傘が一定の向きに揺れる。 色を楽しく歩く。
三	5	3 雨の日の遊び方を考える。 (1) 雨の日に気をつけることを考える (2) 何ができるかの検討 4 工夫して作る。 (1) 空気砲 (2) ロケット (3) 秘密基地、滑り台、ベッド、傘 など 5 材料を買いに出かける（雨天） (1) 当日の天気と道具を考える (2) 歩き方、気をつけること (3) 出かける (4) 振り返る 6 アルバムを作って振り返る。	道具の選択肢、「何があったらよいか」を考えやすいようにしたり、思考しやすく 傘（様々な柄や持ち方をする、思考しやすく、 思考を振り返る

学習指導要領との対応（各教科内の常勤）

	できるようになってほしいこと（※） **本校の児童生徒に育てたい資質・能力との関連**
A	友だちと話し合いながらる地図の情報を調べたり、知ったこと自分で活を拡げたり、絵や物に表したり、読み取るによって、興味で気付いて答えたりする。<知・技> 【思・判・表】
C	6月の天気を調べて、雨の日が多いことに気付く。 友だちと調べた天気を手がかりに、イラストを選択して、表に取る、c【思・判・表】
E	雨の大きさやみがえみがさきの組み合わせによって、風の強さを表現すること、<思・判・表> 工作に応じて作料（ゴム、段ボール、粘着テープなど）を選択し、工作品を作る。<思・判・表>

<各教科等との関連>

生活単元学習「でかけよう（7月）」、「こうえんいものぼくらをたしくかそのぼうを（10月）」、「かいもの
にでかけよう（12月）」、「〇〇ランドへようこそ（1、2月）」
国語「つくってあそぼう（6月）」

日常生活の指導「柳の帯」

<実施時期（時数に関する名評価）>

◯実施時期	頃
適 当・要検討（	時間程度）

<実施時期（時数に関する名評価）>

| ◯必要と思われる時数 | 適 当・要検討（ ） |

授業研究会

ミーティング
5/30、31、6/4、5、6、7、12、13、14、15、20、22、25、26

<例：◯／（総時数）>

「日々の授業記録」の記入例

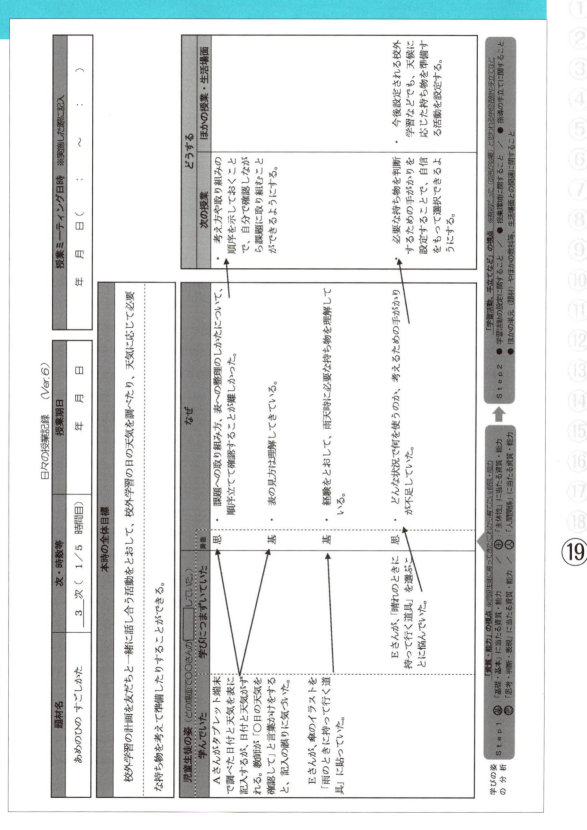

参考文献

小学校学習指導要領（平成29年告示）
http://www.mext.go.jp/component/a_menu/education/micro_detail/__icsFiles/afieldfile/2019/03/18/1413522_001.pdf

小学校学習指導要領（平成29年告示）解説
http://www.mext.go.jp/a_menu/shotou/new-cs/1387014.htm

中学校学習指導要領（平成29年告示）
http://www.mext.go.jp/component/a_menu/education/micro_detail/__icsFiles/afieldfile/2019/03/18/1413522_002.pdf

中学校学習指導要領（平成29年告示）解説
http://www.mext.go.jp/a_menu/shotou/new-cs/1387016.htm

高等学校学習指導要領（平成30年告示）
http://www.mext.go.jp/component/a_menu/education/micro_detail/__icsFiles/afieldfile/2018/07/11/1384661_6_1_2.pdf

高等学校学習指導要領（平成30年告示）解説
http://www.mext.go.jp/a_menu/shotou/new-cs/1407074.htm

特別支援学校幼稚部教育要領　小学部・中学部学習指導要領
http://www.mext.go.jp/component/a_menu/education/micro_detail/__icsFiles/afieldfile/2019/03/15/1399950_2.pdf

特別支援学校教育要領・学習指導要領解説　総則編（幼稚部・小学部・中学部）
http://www.mext.go.jp/component/a_menu/education/micro_detail/__icsFiles/afieldfile/2019/02/04/1399950_3.pdf

特別支援学校学習指導要領解説　各教科等編（小学部・中学部）
http://www.mext.go.jp/component/a_menu/education/micro_detail/__icsFiles/afieldfile/2019/02/04/1399950_4.pdf

特別支援学校教育要領・学習指導要領解説　自立活動編（幼稚部・小学部・中学部）
http://www.mext.go.jp/component/a_menu/education/micro_detail/__icsFiles/afieldfile/2019/02/04/1399950_5.pdf

特別支援学校高等部学習指導要領
http://www.mext.go.jp/component/a_menu/education/micro_detail/__icsFiles/afieldfile/2019/02/04/1399950_11.pdf

幼稚園、小学校、中学校、高等学校及び特別支援学校の学習指導要領等の改善及び必要な方策等について（答申）
http://www.mext.go.jp/b_menu/shingi/chukyo/chukyo0/toushin/1380731.htm

児童生徒の学習評価の在り方について（報告）
http://www.mext.go.jp/b_menu/houdou/31/01/__icsFiles/afieldfile/2019/01/21/1412838_1_1.pdf

国立特別支援教育総合研究所（2017）「知的障害教育における「育成すべき資質・能力」を踏まえた教育課程編成の在り方」平成27年度〜28年度 基幹研究B-310

国立特別支援教育総合研究所（2015）「知的障害教育における組織的・体系的な学習評価の推進を促す方策に関する研究」平成25年度〜26年度 専門研究B B-295

国立特別支援教育総合研究所（2018）『育成を目指す資質・能力を踏まえた教育課程の編成』ジアース教育新社

国立特別支援教育総合研究所（2016）『「育成を目指す資質・能力」をはぐくむための知的障害教育における学習評価の実践ガイド』ジアース教育新社

三浦光哉（2017）『特別支援教育のアクティブ・ラーニング』ジアース教育新社

大久保賢一（2019）『3ステップで行動問題を解決するハンドブック』学研教育みらい

干川隆（2017）「夢の実現に向けた個別の教育支援計画の作成演習：PATHシミュレーションの効果」熊本大学教育実践研究 第34号,19-26

肥後祥治／雲井未歓／片岡美華／鹿児島大学教育学部附属特別支援学校（2013）『特別支援教育の学習指導案と授業研究』ジアース教育新社

＊1 河島淳子／高橋知恵子（2018）『発達障害の子どものための心を育て生きる力をつける個別課題学習』トモニ療育センター
＊2 「特別支援教育の実践情報」（2018年10・11月号）明治図書

実践執筆者

西村　亮	熊本県教育庁教育指導局特別支援教育課（元 熊本県立菊池支援学校）
宮本真吾	和歌山県立紀伊コスモス支援学校
田口博章	愛知県立三好特別支援学校
吉川　透	長崎大学教育学部附属特別支援学校
伊藤佳子	東京都立南大沢学園
柴田涼子	愛知県立豊橋特別支援学校（元 愛知県立豊川特別支援学校）
岸本信忠	岡山県立岡山東支援学校
鈴木雄也	北海道札幌養護学校
安田希美	千葉県立富里特別支援学校
小岩正敏	石川県立いしかわ特別支援学校（元 石川県立明和特別支援学校）
髙倉光一郎	大分県教育庁特別支援教育課（元 大分大学教育学部附属特別支援学校）
山科平恵	山形大学附属特別支援学校
荒井勝紀	埼玉県立行田特別支援学校
佐藤正明	香川大学教育学部附属特別支援学校
堂　章世	滋賀県立長浜養護学校
鈴木雅義	静岡大学教育学部附属特別支援学校
木下敏英	熊本県立熊本支援学校
上仮屋祐介	鹿児島大学教育学部附属特別支援学校

※掲載順
※所属は2019年7月時点のもの

編集・執筆者プロフィール

神山 努（かみやま　つとむ）
修士（教育学）。臨床発達心理士。筑波大学大学院教育研究科修了。福祉施設の職員を経て現在は独立行政法人国立特別支援教育総合研究所の研究員。国立特別支援教育総合研究所（編）『育成を目指す資質・能力を踏まえた教育課程の編成　知的障害教育におけるアクティブ・ラーニングの活用』、『「育成を目指す資質・能力」をはぐくむための知的障害教育における学習評価の実践ガイド　学習評価の9実践事例を踏まえて』を分担執筆。

知的障害教育ならではの
主体的・対話的で深い学びができる本
PDCA チェックシートで授業改善！

2019年8月20日　第1刷発行

編・著…………神山　努
発行人…………甲原　洋
編集人…………木村友一
企画編集………富田愛理　東郷美和
デザイン………宮塚真由美
イラスト………小坂タイチ

発行所／株式会社学研教育みらい　〒141-8416 東京都品川区西五反田2-11-8
発売元／株式会社学研プラス　〒141-8415 東京都品川区西五反田2-11-8
印刷・製本所／中央精版印刷株式会社

●この本に関する各種お問い合わせ先
　本の内容については　TEL 03-6431-1576（編集部直通）
　在庫については　TEL 03-6431-1250（販売部直通）
　不良品（落丁、乱丁）については　TEL 0570-000577
　　学研業務センター　〒354-0045 埼玉県入間郡三芳町上富279-1
　上記以外のお問い合わせ　TEL 03-6431-1002（学研お客様センター）

©Tsutomu Kamiyama 2019 Printed in Japan
本書の無断転載、複製、複写（コピー）、翻訳を禁じます。
本書を代行業者等の第三者に依頼してスキャンやデジタル化することは、たとえ個人や家庭内の利用であっても、著作権法上、認められておりません。

●複写（コピー）をご希望の場合は、下記までご連絡ください。
　日本複製権センター　https://jrrc.or.jp/　E-mail：jrrc_info@jrrc.or.jp
　Ⓡ〈日本複製権センター委託出版物〉

●学研の書籍・雑誌についての新刊情報・詳細情報は、下記をご覧ください。
　学研出版サイト　https://hon.gakken.jp/